한 · 중 게임 용어사전

윤형섭

어렸을 적부터 전자 오락을 즐겨 했던 경험을 살려 2009년 한국 최초로 게임학 박사가 되었다. IT 회사인 (주)사이람을 공동 창업했으며, (주)위자드소프트, (주)네오리진, (주)부룩소 등에서 게임 개발과 전략기획을 담당했다. 상명대학교 대학원 게임학과 교수, 중국 길림애니메이션대학교 게임대학 학장을 역임했으며, 한국게임학회 부회장, 한국문화콘텐츠기술학회 부회장, 한국모바일협회 자문위원, 광주광역시 문화콘텐츠 진흥위원 자문위원, 방위산업청 자문위원, 국방부 정보화기획관(CIO) 자문위원을 지냈다. 현재 전주대학교 게임콘텐츠학과 교수로 있으며, 실감콘텐츠, 기능성 게임, 게이미피케이션, 재미 이론을 연구하고 있다.

주요 저서로《한국 게임의 역사》,《게이미피케이션: 세상을 플레이하다》,《쇼미 더 사이언스》등이 있고, 주요 역서로《게임 디자인 원론 1, 2, 3》,《The Art of Game Design 1, 2(2, 3판)》,《게임 디자인 원리》,《게이미피케이션 실전전략》등이 있다.

한 · 중 게임 용어사전

초판 인쇄 2021년 12월 20일
초판 발행 2021년 12월 30일

지은이 윤형섭
펴낸이 이찬규
펴낸곳 북코리아
등록번호 제03-01240호
주소 13209 경기도 성남시 중원구 사기막골로 45번길 14
우림라이온스밸리2차 A동 1007호
전화 02-704-7840
팩스 02-704-7848
이메일 ibookorea@naver.com
홈페이지 www.북코리아.kr
ISBN 978-89-6324-724-3 (11720)
값 20,000원

한·중 게임 용어 사전

윤형섭 지음

韩中游戏术语词典

북코리아

서문

한국에서 자란 50대 남자라면 코 흘리던 학창시절, 학교 앞 문방구에서 전자오락을 하려고 긴 줄도 마다하지 않고 서서 기다려본 경험이 있을 것이다. 나 또한 동네 형들이 게임 하는 모습을 어깨 너머로 지켜보면서, 설레는 마음으로 주머니의 동전을 만지작거리며 기다렸던 기억이 있다.

그 당시 인기가 많던 〈퐁(Pong)〉 게임은 소년들의 호기심을 끌어내기에 충분한 새로움이 있었다. 〈퐁〉은 흑백 모니터에 움직이는 점과 선만으로 가상의 테니스를 표현한 게임으로, 소년들에게는 마치 내가 공상과학 영화 속에 들어가 있는 것 같은 새로운 전자적 경험을 제공했다. 당시 아이들이 하던 놀이는 술래잡기, 팽이치기, 구슬치기, 딱지치기, 연날리기, 말뚝박기 등이 전부였는데, 이런 놀이와는 차원이 다른 혁명적인 놀이를 할 수 있게 된 것이다. 1970년대 중반부터 전국에 일만 개가 넘는 전자오락실이 우후죽순 생겨났다. 하지만 이 새로운 문물을 다룰 수 있는 법은 부재했고, 첨단 전자기술의 집합체인 전자오락실은 그저 불법오락실로 전락하고 말았다. 하지만 내 추억 속의 전자오락실은 호기심 어린 눈망울의 소년들이 그저 새로운 재미를 맛보고 싶어서 아드레날린을 분출하며 기다렸던 즐거움의 공간이다.

전자오락을 좋아해서 잘하게 된 나는 틈틈이 공부하여 30년 후 게임을 학문적으로 연구하는 사람이 되었다. 대한민국 1호 게임학 박사가 된 것이다. 덕분에 교육계에 발을 들이게 되어 가천대와 상명대에서 후학을 가르칠 기회를 가졌다. 학생들을 가르치며 동시에 게임 관련 서적을 번역하고 저술에 힘썼으며, 학술세미나 발표와 강연도 해왔다. 게임 개발 프로젝트를 지도하여 국내외 게임잼(game jam) 대회와 공모전에서 좋은 성적을 거두기도 했다. 하지만 한국 내에서는 게임학 전공 설치와 담당교수, 예산이 모두 부족한 환경이라 이런 상황에 회의를 느낄 때도 있었다.

그러던 중 우연히 일본과 중국의 대학에서 강의할 수 있는 기회가 생겼다. 그리고 이 경험 덕분에 중국의 한 대학에서 스카우트 제의를 받게 되었다. 중국 대학으로 가야 할지, 말아야 할지 오랜 시간 고민한 끝에 새로운 도전을 결심하게 되었다. 이 결정에는 중국 대학 총장의 삼고초려도 영향을 미쳤지만,

장백산 학자라는 칭호를 수여받게 된 것이 큰 영향을 미쳤다. 결국 "인생과 게임은 도전이 핵심 아니더냐"라고 생각하며 중국으로 향했다. 막상 중국에 가보니 한국과 다른 언어와 음식, 문화 등에 적응하는 것이 쉽지는 않았지만 긍정적인 생각으로 게임을 하듯 하나씩 클리어 해나간 덕분에 3년이라는 시간 동안 많은 것을 경험해 볼 수 있었다.

그럼에도 어려운 점이 하나 남아 있었는데 바로 게임학 용어의 표현이다. 한국의 IT와 게임산업 분야에서는 주로 미국에서 들어온 게임 용어를 그대로 사용하거나 평이하게 바꾸어서 사용하는 반면, 중국에서는 '광전총국'이 통제하고 있어서 모든 용어를 중국식으로 변경해서 사용해야만 한다. 이러한 정책은 자국의 언어를 지키는 데에는 도움이 되지만 신조어나 최근 도입된 외국어나 외래어 표현을 통역하고 번역할 때는 큰 장애물이 되었다. 중국의 언어학자들이 제때에 맞추어 새로운 용어를 중국식 표현으로 만들어내지는 못했기 때문에 신조어의 경우 소통이 잘 안 되는 경우가 빈번하다. 이에 따라 중요한 사업 계약 시에 오해가 생기기도 하고 분쟁이 발생하기도 한다.

얼마 전 인터넷에서 중국어 전공자가 중국어로 면접을 보는데 IT와 게임 용어가 나왔고, 정확한 표현이 어려워 답변을 잘하지 못해서 떨어졌다는 일화를 보았다. 실제로 나 또한 중국인과 소통할 때 생소한 표현을 전달하거나 이해하기 어려워 애를 먹기도 했다. 게다가 통역을 도와주던 분도 이런 표현을 제대로 숙지하지 못해 강의 내용이 정확히 전달되기 어려웠다. 어느 정도 시간이 흘렀을 때는 학생들의 눈빛과 반응으로 통역이 잘못되었다는 것을 눈치채고 부가적인 설명을 하거나 영어 단어로 설명하며 위기를 모면했지만 난감한 일이 자주 발생했다.

이런 경험들을 통해 중국에서 많이 사용되는 게임 용어를 정리할 필요성을 느꼈다. 이후 틈틈이 정리한 주요 어휘 중 1,000개를 선정해 올바른 중국어다운 표현으로 번역하였고, 그 의미를 쉽게 풀어 출간하였다. 게임 분야의 모든 용어를 다 담지는 못했지만, 내가 중국 현장에서 경험한 가장 사용 빈도수가 높고 중요한 어휘들로 골랐으며, 찾아보면서 저절로 게임학을 이해할 수 있도록 해석도 덧붙였다. 이 책이 한국과 중국에서 게임 분야를 공부하거나 비즈니스를 하는 사람들에게 큰 도움이 될 수 있기를 바란다. 더불어 IT와 게임 분야의 통역과 번역을 하는 양국의 기업 담당자와 전문가들에게도 도움을 줄 수 있을 것이라 생각된다.

끝으로 이 책을 만드는 과정에서 여러 사람의 도움을 받았다. 표제어의 선정과 설명에 도움을 준 홍동희 님, 중국어다운 표현에 도움을 준 중국인 위영, 조탁, 리암, 통신, 허설화 선생에게도 감사의 마음을 전한다. 또한 이 책을 출간하기까지 도움을 주신 북코리아 이찬규 대표와 편집부 직원들에게도 감사한 마음을 전한다.

모든 문화 교류는 언어로부터 시작된다고 한다. 그만큼 언어의 적절한 번역과 통역이 중요하다는 의미일 것이다. 모쪼록 이 책이 한국과 중국의 문화 교류에 무지개 같은 징검다리가 되기를 희망해 본다.

2021년 겨울 전주에서

저자 윤형섭

1 게임 디자인

일러두기

1. 이 책은 1부 게임 디자인 편, 2부 게임 프로그래밍 편으로 나누어 자신의 전공과 관심 용어에 따라 찾아보기 쉽게 구성했다.
2. 이 책은 저자가 중국에서 게임학을 가르치면서 많이 사용되지만 번역하기 어려운 용어를 선별하여, 하나씩 찾아보다 보면 저절로 게임학을 이해할 수 있도록 구성했다.
3. 가령, 경쟁이라는 한글 용어를 찾으면 쉽게 중국어 간체로 경쟁(竞争)이라고 번역할 수는 있지만, 게임학에서의 그 의미를 깊이 이해할 수는 없다. 이 책에서는 게임학에서 필요한 의미를 해석했으며, 그 의미 안에 새로운 용어가 나오면 책 안에서 쉽게 찾아볼 수 있도록 구성했다.
4. 게임의 역사에 자주 나오는 게임 회사와 게임 이름인 고유명사들도 중국식으로 번역했다.
5. 게임 그래픽 분야는 대부분이 게임 디자인 및 게임 프로그래밍 분야와 중복되어 별도의 장을 만들지 않았다.
6. 이해하기 쉽도록 한글 용어의 우측에 영어 표현도 병기했다[예: 매슬로우의 욕구 단계(Maslow's hierarchy of needs)].

ㄱ

가상현실(VR) 虚拟现实 Virtual Reality

컴퓨터로 만들어놓은 가상세계에 사람이 실제와 같은 체험을 할 수 있도록 하는 첨단기술 시스템을 의미한다. 머리 디스플레이 장치인 HMD(Head Mounted Display)를 통해 체험할 수 있다. 과거에는 장비의 가격이 비싸서 연구실에서만 쓰였지만, 고성능 컴퓨터와 HMD 가격을 획기적으로 낮춤으로써 대중화되었고, 특히 게임 분야에서 많이 활용되고 있다.

这意味着,在用计算机制作的虚拟世界,人类可以进行实际体验的尖端技术系统。通过大脑显示器装置HMD(Head Mounted Display)可以体验到。过去由于设备价格昂贵,只在研究室使用,但随着高性能电脑和HMD价格的大幅降低,它逐渐大众化,特别是在游戏领域被广泛使用。

가챠(시스템) Gacha系统 Gacha system

어떠한 아이템을 획득할 수 있을지 명확하지 않은 '랜덤 박스'형 아이템을 뽑는 시스템으로, '무작위 뽑기 시스템'.

使用无法确定能够获得何种单品的"随机盒子"型项目,"随机抽取系统"。

간트 차트 甘特图/横道图/条状图 Gantt chart

프로젝트 일정 관리를 위한 막대 형태의 일정표로, 각 업무별로 일정의 시작과 끝을 그래픽으로 표시하여 전체 일정을 한눈에 볼 수 있다. 또한 각 업무(task) 사이의 관계를 보여줄 수도 있다.

为了管理项目日程的管理 条状日程表, 各个工作单位都用图形标记日程和结尾,一眼就能看出整个日程的全部日程。而且也可以展示各个业务(task) 之间的关系。

감정, 정서 感情、情绪 emotion

외부의 자극 또는 현상이나 일에 의해 일어나는 마음이나 느끼는 기분을 의미.

因外部的刺激或者某种情况, 某件事讲而产生或能感受到的心情。

갓 게임 上帝模拟游戏 god game

시뮬레이션 게임 중에서 주인공이 신의 관점이 되어 플레이하는 게임 종류를 의미한다. 시뮬레이션 게임은 다양하므로 건설, 육성, 조정, 갓 시뮬레이션 게임 등으로 세분화해서 부르기도 한다. 대표적인 게임으로는 〈포퓰러스(Populous)〉, 〈심즈(Sims)〉, 〈문명(Civilization)〉, 〈블랙 앤 화이트(Black and White)〉, 〈스포어(Spore)〉 등이 있다.

意为在模拟游戏中主人公成为神的观点的游戏种类。由于模拟游戏的多样化, 可以细分为建设模拟游戏, 养成模拟游戏和调整模拟游戏。代表性游戏有〈Populous〉, 〈Sims〉, 〈Civilization〉, 〈Black and White〉, 〈Spore〉。

강화 强化 enforcement

힘, 권력, 동기 등이 더 강하고 튼튼하게 되는 것. 실험심리학자인 스키너(Skinner)의 강화 이론에 의하면 보상과 처벌을 적절하게 사용하면 행동을 특정한 방향으로 발전시킬 수 있다고 주장한다. 게임 아이템의 강화란 게임이 가진 속성이나 능력, 스킬의 정도를 보다 강하게 하는 것을 의미하기도 한다.

力量, 权利, 动机等更强更牢固。实验心理学者Skinner的强化理论中主张适当的使用奖赏和惩罚的话能够让行动向特定方向发展。游戏道具的强化是指游戏拥有的属性, 能力, 技能的成程度能够更加厉害。

개발 开发 development

개발, 게임의 제작을 의미한다. 주로 제작(production)보다는 개발로 표현한다.

| 开发, 是制作游戏的意思。和制作相比主要想要表达开发。

개발사, 개발자 开发者 developer

게임 개발사, 게임 개발자 두 가지 의미가 있다.

| 具有游戏开发师, 游戏开发者两个意思。

객체 客体 object

컴퓨터의 그래픽 처리에서 처리의 대상이 되는 어떤 실체, 물체를 의미한다.

| 意指在电脑美术处理中, 成为处理对象的实体或者物体。

건축 建筑 construction

집이나 성, 다리, 건물 등의 구조물을 그 목적에 따라 설계하여 만드는 일.

| 是指根据目的而设计家, 城, 桥等建筑物。

게임 游戏 game

게임은 플레이어들이 규칙에 의해 제한되는 인공적인 충돌에 참여하여 정량화 가능한 결과를 만들어내는 시스템이다.

| 游戏是玩家根据规则参与到限定的人工冲突中, 从而制造出可能的战

略化的结果的系统。

게임 공간 游戏空间 game space

영화, 애니메이션, 드라마 등이 시간을 중심으로 하는 미디어라면, 디지털 게임은 대표적인 공간 미디어이다. 영화가 슬로우 모션인 패스트 모션 같은 영상 표현, 시간의 압축과 연장을 만들어내는 편집 기술을 발전시켰다. 게임은 공간의 표현과 탐험, 공간 연결과 같은 표현 양식을 개발했다. 게임의 공간은 가상의 플레이 공간이다.

如果说电影、动画、电视剧是以时间为中心的媒体的话, 电子游戏就是代表空间的媒体。电影是慢动作、快动作这样的视频表现, 也使空间的压缩与延长的编辑技术得到了发展。游戏是开发了空间的表现和探险、空间延长这样的表现方式。游戏空间是虚拟空间。

게임 규칙 游戏规则 game rules

게임 내에서 플레이어가 해야 할 것과 하지 말아야 할 것들을 규칙으로 정해놓은 것을 의미하며, 보통 하나의 게임의 몇 개 또는 수십 개의 규칙 세트가 있다. 게임 규칙은 인위적으로 만들어졌으며, 플레이어에게 행동의 명확성과 제약성을 제공하며 반복적으로 플레이할 수 있도록 정해져 있다.

意为在游戏内部玩家一定要做的或者是一定不能做的这样的规则。一般一个游戏会有几个或者数十个规则。游戏规则是认为制定的, 对玩家的行为提供明确性与制约性, 以至于能够反复的玩此款游戏。

게임 기획 游戏策划 game design

게임 개발 아이디어와 게임의 주요한 내용에 대한 내용을 문서로 작성한 것.

将游戏开发的想法与游戏的主要内容制成文件形式。

게임 기획자 游戏策划者 game designer

게임의 주요 아이디어와 시나리오를 창작하며, 게임 제작에 필요한 설계서를 작성하는 직종에 종사하는 사람.

从事创作游戏主要的想法与故事情节, 制作游戏制作所需要的设计书的人。

게임 디자인 문서 设计文件, 游戏设计文件 game design document

게임 기획자가 게임 개발 아이디어와 게임의 주요한 내용을 문서로 작성한 것으로, 주로 회사의 상사, 외부전문가, 회사 내의 동료들에게 게임을 소개하기 위해 작성된다.

游戏的策划师对游戏开发的想法和主要内容以文件形式制定出来, 主要是为了向公司的上司, 外部专家, 公司的同事介绍游戏内容而制定出的文件。

게임 마스터 游戏主持者 game master

원래 테이블 탑 롤플레잉 게임(TRPG)의 게임 진행을 관장하는 인물이다. 온라인 게임에서는 게임에 따라 다르지만 관리자로 권한을 가진 사람 등을 가리키는 말로 사용된다.

他原先负责游戏台角色扮演(TRPG)。在网络游戏中,虽然根据游戏的不同而有所不同,但用于指拥有管理者权限的人。

게임 메커닉스 游戏结构 game mechanics

게임 플레이 방식에 영향을 주는 규칙이나 특성을 의미한다. 모든 게임은 개별적으로 혹은 혹은 여러 개의 게임 플레이 메커닉스를 연동시켜 새로운 결과를 만들어 낸다.

这意味着对游戏规则产生影响的规则或特性。所有的游戏都会通过个别或多个游戏,结合多种游戏,创造出新的结果。

게임 엔진 游戏引擎 game engine

실시간 그래픽 표시 기능을 갖춘 게임 프로그램을 구현하는 핵심 소프트웨어 구성 요소를 말한다. 컴퓨터 게임 개발에 바탕이 되는 기술을 제공하여 개발 과정을 단축해 줄 뿐 아니라, 게임을 다양한 플랫폼에서 실행할 수 있게 해주기도 한다. 특히 게임 엔진은 재사용을 염두에 두고 있기 때문에, 하나의 게임에 종속되지 않고 여러 종류의 게임에 쓰일 수 있도록 개발된다.

指的是体现具备实时图形标示功能的游戏软件的核心软件组成要素。提供以电脑游戏开发为基础的技术,缩短开发过程,使游戏在多种平台上得以实现。特别是,游戏引擎要考虑再使用,所以不会依附于同一游戏,而是用于开发多种游戏。

게임 이론 游戏理论 game theory

상호 의존적인 의사 결정에 관한 이론이다. 게임(game)이란 효용 극대화를 추구하는 행위자들이 일정한 전략을 가지고 최고의 보상을 얻기 위해 벌이는 행위를 말한다. 게임 이론은 사회 과학, 특히 경제학에서 활용되는 응용 수학의 한 분야이며 생물학, 정치학, 컴퓨터 공학, 철학에서도 많이 사용된다. 게임 이론은 참가자들이 상호작용하면서 변화해 가는 상황을 이해하는 데 도움을 주고, 그 상호작용이 어떻게 전개될 것인지, 매 순간 어떻게 행동하는 것이 더 이득이 되는지를 수학적으로 분석해 준다. 대표적인 사례로 죄수의 딜레마 게임이 있다.

关于相互依存的理论。游戏就是要求效率极大化的行为者们有用一定的战略, 为了获得奖赏而展开的行为。游戏理论是在社会科学, 尤其是经济学中活用的应用数学的一部分。在生物学、政治学、电脑工程学、哲学中也经常使用。游戏理论对参与者之间的相互关系与变化的理解具有一定的帮助, 使用数学来分析相互间的关系怎么开展, 每个瞬间如何行动。代表事例就是囚徒困境游戏。

게임 종료 游戏结束 game over

비디오 게임에서 플레이어가 한 게임이 종료됐음을 의미한다. 보통 아케이드 게임에서는 게임 오버라는 메시지가 나온 다음 "동전을 넣으세요(Insert coin)"라는 메시지와 함께 9초간 카운트다운 된다.

意为在电子游戏中玩家终止了此游戏。

게임 중독 游戏上瘾(游戏成瘾) game addiction

아직 명확한 진단 기준은 없으나 게임에 너무 몰입한 나머지 일상생활에 장애를 경험하는 상태를 말한다. 특징으로는 내성, 금단 증상, 일상 생활의 지장이 있다. 게임 중독이란 과도한 게임 플레이로 인해 학업(직장)과 가정 및 대인관계에 지대한 영향을 끼치고, 현실과 가상공간을 구분하지 못하게 되는 등의 문제를 의미한다.

现在还没有一个明确的标准, 但是是指太过沉迷游戏而对日常生活造成一定的障碍的说法。具有忍耐、戒烟症状、日常生活障碍的症状等。游戏上瘾是指由于过度的沉迷于游戏中, 对于学业、工作、家庭与人际关系造成巨大的影响。不能区分现实与虚拟社会等问题。

게임 토큰 游戏代币 game token

게임 내에서 게임 플레이어가 조작하는 캐릭터 또는 물체(비행기, 자동차, 사람 등을 총칭).

在游戏内部游戏玩家操作的角色或者物体(飞机、汽车、人等的总称)。

게임 패들 游戏板游戏手柄 game paddle

게임 패들은 아케이드 또는 콘솔 게임의 입력장치이다. 게임 패들은 작은 바퀴 모양으로 되어 있어서 좌우로 조정할 수 있게 되어 있고, ATARI 2600의 PONG 게임 등에 적용되었다. 기술 발전에 따라 조이스틱으로 발전하게 된다.

游戏手柄是街机游戏或者手柄游戏的输入装置。游戏手柄是小轮子的模样能够进行左右操控, 适用于ATARI2600的PONG游戏, 但是随着技术的发展现已发展成操控杆。

게임 화폐 游戏币 game money

게임 내에서 통용되는 화폐를 말하는 것이다. 게임 안에서 거래의 개념이 존재한다. 대표적인 사례로 롤플레잉 게임에서 '골드(Gold)'라는 것을 가지고 각종 무기나 아이템 등을 구입하기도 한다. MMORPG는 각기 다른 이름의 화폐를 갖고 있다.

是指在游戏内部通用的货币。在游戏中存在交易的概念, 例如, 在角色模拟训练游戏中, 拥有的金币能够购买各种武器和道具。MMORPG拥有不同名称的货币。

ㄱ

게임화, 게이미피케이션 游戏化 gamification

점수, 레벨 업, 랭킹, 도전과제 수행, 경쟁, 보상처럼 게임의 재미를 만들어내는 디자인 기법(game mechanics)과 게임적 사고(game thinking)를 게임 이외의 분야에 적용하여 효과를 보자는 새로운 움직임으로 정의는 게임 디자인 기법을 게임 이외의 분야에 사용하는 것이다.

游戏化是指适用于游戏以外的部分, 制造像是分数、等级、排行版、挑战课题的运行、竞争、奖赏这样的游戏趣味的设计方法与游戏的想法, 以看效果的新动作的定义是在游戏设计以外的领域里使用的。

겜보이 游戏机名字 Gameboy

1989년 일본 닌텐도에서 만든 휴대용 게임기.

1989年在日本任天堂制作的掌上游戏机。

결말이 열려 있는 开放式结局 open-ended

결말이 없거나 열려 있는 상태로 개방형 이야기 전개 방식에서 작가가 결말을 정해놓지 않고, 플레이어들의 선택에 의해 다양하게 달라질 수 있도록 이야기 구조를 개방적으로 만든 상태.

没有结束式或开放的状态,在开放式故事的展开方式中,作家没有定下结局,为了让玩家们的选择变得多样化,他的故事结构已经开放了。

경쟁 竞争 argon, competition

놀이의 분류 체계 중 하나로 알레아(alea)는 의지나 능력의 포기이며, 아무런 노력도 하지 않고 행운을 얻고자 하는 것에 반해 아곤(Agôn)이 플레이어의 의지나 능력에 의하여 행해지는 것이고 상대와의 다툼이나 경쟁을 의미한다.

是个体或群体间力图胜过或压倒对方的心理需要和行为活动。即每个参与者不惜牺牲他人利益，最大限度地获得个人利益的行为，目的在于追求富有吸引力的目标。

경주형 竞赛类 race-to-the-end

게임 플레이 방식 중의 하나로 끝까지 달려서 게임의 목표를 달성하는 방식. 보통 레이싱 게임 방식으로 끝까지 달려서 가장 빨리 목적지까지 도달하는 방식의 게임을 말한다.

以游戏方式之一到最后，实现游戏目标的方式。一般都是以赛车游戏方式到最后，最快到达目的地的游戏。

경험치 经验值 experience point

보통 롤플레잉 게임에서 임무의 완수, 적이나 장애물의 극복에 보상으로 주어진다. 즉 게임의 진행 정도를 측량하는 단위로 보통 100%가 다 차면 레벨 업을 할 수 있다. 영어 단어를 축약한 Exp나 XP로 부르기도 한다.

一般是指在角色扮演的游戏中任务的完成，敌人或者障碍物克服后得到的奖赏。游戏在运行的时候一般达到100%之后能够升级。英文缩写是Exp或XP。

계정 账户 account

보통 사용자 계정(user account)이라고 하며, 인터넷서비스 공급업체나 게임 서비스 등에 가입했을 때 부여되는 사용자 ID와 암호를 가리킨다.

一般用户账户(user account),是指加入互联网服务供应商或游戏服务时赋予用户ID和密码的用户ID和密码。

고전 게임 经典游戏 classic games

최근 출시된 게임들과 대조적으로 1970~1980년대 출시된 일반적으로 오래된 게임을 의미하며, 보통 아케이드 게임과 콘솔 게임 그리고 PC 게임이며, 현대의 게임들과 비교하여 저용량, 저품질(그래픽, 사운드)의 특징을 갖고 있어서 저사양의 컴퓨터에서도 플레이할 수 있다.

是指与现在市面上的游戏不同, 一般是20世纪1970~1980十年代的比较悠久的游戏。一般是街机游戏, 主机游戏, 还有pc游戏。与现代游戏相比具有低容量, 低品质(美术, 音乐)的特征, 能够在低配置的电脑上玩的游戏。

공동작업, 협업 合作 collaboration

협업은 주로 공동작업, 협력하여 작업한 결과물을 의미한다. 게임에서는 게임 디자이너, 게임 아티스트, 게임 프로그래머, 게임 음악 전문가 등 다양한 분야의 사람들이 협력하여 게임을 만들어야 한다.

合作主要指的是共同协作、合作制作的结果物。游戏中,游戏设计师、游戏艺术家、游戏策划员、游戏音乐专家等多种领域的人需要合作游戏。

공정한 경기 公平的比赛 fairplay

정정당당한 시합, 공정한 규칙에 의한 경기, 디지털 게임의 규칙은 아날로그보다 더 공정하다. 게임 규칙의 속성 중 하나는 바로 공정함에 있다.

正大光明的比赛,公平规则的竞赛,数字游戏的规则比模拟更公平。游戏规则的属性之一就是公平。

관점, 시점 视角 viewpoint

어떤 주제에 대한 관점, 무엇을 바라보는 방향.

对于某个主题的观点, 或者所看事情的方向。

괴혼(게임 이름) 塊魂(块魂) KatamriDamacy

2004년 3월 일본 남코사에서 개발한 플레이스테이션 2용 액션 게임이고, 한국에서는 SCEK가 발매하였다. 한국에서는 〈괴혼:굴려라 왕자님〉 이라는 타이틀로 출시되었으며, 자석이 쇠를 붙게 하는 성질을 아이디어로 만들어서 미국 GDC에서 "혁신적인 소비자 게임상", "게임 디자인상" 2개를 받았다.

2004年3月,在日本南科公司开发的"PlayStation 2"动作游戏中,SCEK在韩国发行。SCEK上市了滚磁铁的"怪魂"游戏。并在美国GDC上制作了"革新的消费者游戏奖",在美国GDC"游戏奖"上获得了2个"游戏奖"。

구조 构造 structure

구조, 구조물. (문학, 게임에서의) 구성, 구조.

构造, 构成。

ㄱ

군중(몹) 群众 mob

게임 안에서 플레이어가 죽이거나 쳐부숴야 할 대상(물체 또는 생물체), 또는 몬스터(괴물)를 줄여서 몹(mob)이라고도 한다.

游戏中，玩家要杀死或击碎的对象（物体或生物），或者是怪物（怪物），因此也称为mob。

규칙 깨기 打破规则 rule-breaking

게임 플레이에는 명확한 목표와 엄격한 규칙이 특징인데, 간혹 그 규칙의 모호성이 존재하기도 한다. 플레이어는 큰 틀의 규칙을 준수하면서도 자신에게 유리한 가벼운 규칙위반을 하기도 한다. 반면에 규칙을 위반하면서까지 게임에서 이기려고 하는 경향도 있다. 간단한 규칙 깨기에서 새로운 규칙과 창의성이 발현되기도 하지만, 승리에 너무 집착한 나머지 규칙을 깨는 행위는 게임 플레이 전체를 망치기도 한다. 숨겨진 치트키를 이용하는 것도 규칙 깨기의 일종이다. 규칙 깨기는 규칙에 집착하는 플레이어, 승리에 집착하는 플레이어, 게임을 하려는 태도의 정도에 따라 규칙을 지켜려는 자와 규칙 깨기를 하려는 자로 구분된다. 교묘한 규칙 깨기를 하는 비신사적 행위와 게임 플레이 전체를 망치는 행위는 다른 것이다.

游戏的特点是明确的目标和严格的规则，偶尔也会存在规则的模糊性。玩家在遵守大框架规则的同时，还会做出对自己有利的轻度犯规。相反，也有违反规则想在游戏中取胜的倾向。在简单的规则中，虽然也有打破新规则和创意性的表现，但是过分执着于胜利而打破规则的行为会毁掉整个游戏。利用隐藏的奇特基也是打破规则的一种。打破规则分为执着于规则的玩家，执着于胜利的玩家，根据想玩游戏的态度程度，想要遵守规则的人和想打破规则的人。打破规则的非绅士行为和破坏整个游戏玩家的行为是两回事。

균등한 기회, 기회 균등 均等机会 equal opportunity

기회를 가짐에 있어서 모든 개체들이 인종, 성별, 가정환경 등 행위 개체가 선택할 수 없는 요소들로 사회에서 제시하는 여러 제도, 문화에 의해 차별받지 아니하며, 그 출발점이 같아야 한다는 사회학 용어이다. 게임에서는 플레이어 누구에게나 똑같은 기회가 주어져야 한다는 것을 의미한다.

在社会上,每个人都要用人种、性别、家庭环境等方式,在社会上提出的各种制度和文化不受歧视,并不受社会的影响。在游戏中意味着每个玩家都要赋予同样的机会。

그리퍼 试图骚扰或激怒其他玩家的人 griefer

그리퍼는 인터넷이나 온라인 게임에서 다른 사람을 의도적으로 괴롭히거나 게임을 망치는 사람을 의미한다.

格里菲尔是指在互联网或网络游戏中故意折磨他人或破坏游戏的人。

기능, 함수 功能、函数 function

① 사람 또는 사람의 기능, ② 함수(수학, 프로그래밍).

① 人的功能, ② 数学、程序。

기능성 게임 功能性游戏 serious games

게임적 요소를 충분히 포함하고 있으면서, 재미 외에 특별한 효과(교육적, 치료, 심리적, 정서적)를 갖는 게임으로, 기존의 게임분류에 포함되지 않는 새로운 형태의 게임 전체를 의미한다. 교육용 게임이 가장 많으며, 심리 게임, 건강 게임, 군사용 게임, 홍보용 게임, 종교용 게임 등이 기능성 게임에 해당한다. 유럽에서는 applied game, 중국에서는 功能性游戏이라고도 부른다.

该游戏充分包含游戏要素,除了趣味以外还具有特别的效果(教育性,治疗,心理性,情绪性),是指不包括在现有游戏分类中的新形式的游戏。教育用游戏最多,心理游戏,健康游戏,军事用游戏,宣传用游戏,宗教用游戏等都属于功能性游戏。欧洲叫applied game,中国叫功能性游戏。

기대를 넘어선, 기대 이상의 超出预期值 beyond expectation

게임의 재미 이론에서 이용되는 용어로 상대방의 기대를 넘어설 때 사람들은 재미를 느끼고 만족한다는 의미이다.

作为在游戏趣味理论中使用的术语, 是指在超出对期待的时候, 人们能够感觉到趣味和满足。

기대하지 않은 결과 意外的结果 unexpected outcome

게임은 하나의 시스템으로 구성되어 특정한 입력값을 넣으면 예상되는 결과가 나오는 시뮬레이션 소프트웨어가 아니다. 게임은 다양한 메커니즘이 있고, 상대방이 어떻게 하느냐에 따라 달라지는 역동성(dynamics)도 높아서 게임 시스템은 하나의 블랙박스(Black box)라고 볼 수 있다. 이런 게임의 특징 때문에 기대하지 않은 결과가 나오기도 한다. 이를 게임의 불확실성이라고 부른다.

游戏由一个系统构成,如果输入特定的输入费用,就不是能够产生预想结果的模拟软件。游戏有多种机制,根据对方怎么做而发生变化的活力(dynamics)也很高,因此可以说游戏系统是一个黑匣子。因为这种游戏的特点,有时会出现意想不到的结果。这被称为游戏的不确定性。

기댓값 期待值 expected value

각 사건이 벌어졌을 때의 이득과 그 사건이 벌어질 확률을 곱한 것을 전체 사건에 대해 합한 값이다. 이것은 어떤 확률적 사건에 대한 평균의 의미로 생각할 수 있다.

这是对整个事件发生时产生的利益和事件发生的概率相结合的结果。这可以看作是对任何突发事件的平均意义。

기호학 符号学 semiotics

기호의 기능과 본성, 표현과 의미의 관계, 의사소통과 관련된 다양한 체계를 연구하는 학문 분야이다. 사람들은 기호를 이용하여 사물과 사상을 표현한다. 기호는 자신이 아닌 다른 것을 표현하므로 그 표현의 결과를 해석하면 의미가 도출된다. 해석은 맥락에 의해 좌우될 수도 있다.

学问的功能和本性, 表现和意义的关系, 医生沟通相关的多种体系是研究学问的领域。人们用符号来表达事物和思想。基号不是表达自己, 而是表现另一个问题, 所以解释表达的结果就会产生意义。解释可能会被脉络坐下来。

길찾기 寻路(路径搜索) path finding

게임에서 사용되는 인공지능 기술 중의 하나로 출발점과 목적지 사이에서 인공지능을 통해 최단 경로를 찾는 과정으로, 보통 최소 비용 경로 계산을 이용한다. 스타크래프트 게임에서 많이 사용되었다.

在游戏中所使用的人工智能中的一种, 在出发点与目的地之间通过人工智能找到最短的道路的过程, 一般使用最少的费用途径计算。在星际争霸游戏中经常使用。

길드 工会 guild

원래 중세에서 근세에 걸쳐 유럽 여러 도시에서 공업자들이 결성한 각 직업별 조합을 일컫는 말이었으나, 온라인 게임에서는 같은 온라인 게임을 즐기면서 형성된 동호인들의 모임을 의미한다.

本来是中世纪欧洲多个城市中,由工商业者组成的各职业组合,但网络游戏是玩网络游戏时形成的爱好者的聚会。

끝맺음 자막 片尾字幕 ending credit

영화나 드라마, 게임 등 제작에 참여한 사람들을 소개하는 자막을 의미한다.

是指介绍参与电影或者电视剧, 游戏制作的人员的字幕。

L

ㄴ

난이도 곡선 难度曲线 difficulty curve

게임에서 시간의 흐름에 맞추어 도전과제의 난이도를 그래프로 표현한 것. 보통의 경우 게임의 난이도는 플레이어의 수준에 비해 너무 쉬워도 안 되고, 너무 어려워도 안 된다. 또한 게임의 난이도는 플레이어의 스킬 수준에 맞추어 점진적으로 높아져야 플레이어가 지속해서 게임에 몰입할 수 있다.

在游戏中, 根据时间的走向, 使用图表来表现挑战课题的难易度。一般情况下, 游戏的难易度与玩家的水准相比不可太简单, 也不可太难。另外, 游戏的难易度要符合玩家的技术水平, 只有逐渐的提高难度才可以让玩家一直沉浸在游戏中。

난이도 시스템 难度系统 difficulty system

게임에서 난이도 시스템은 플레이어의 스킬 수준에 맞추어 장애물 또는 도전과제의 난이도를 자동으로 조정해주는 시스템을 의미한다.

难易度系统是在在游戏中, 为了符合玩家技术水平, 自动调整障碍物或者挑战课题的难易度的系统。

내비게이션 시스템 导航系统 navigation system

자동차의 운행 유도시스템으로 GPS 위성에서 보내는 신호를 수신해 사용자의 현재 위치를 계산하는 위성항법 시스템을 이용한다.

利用汽车导航系统,接收GPS卫星传送信号,计算使用者的当前位置,利用卫星导航系统。

내장된 서사 嵌入叙事 embedded narrative

특히 게임의 시나리오가 중요한 장르의 게임(롤플레잉, 어드벤처 장르)에서 기획자의 의도와 전문작가의 시나리오의 내용에 따라 게임 내에 사전에 삽입된 서사를 의미한다.

特定的游戏剧情在重要的类型的游戏中根据策划者的意图或者专家的故事情节的内容，提前在游戏中插入叙事情节。

네트워크 计算机网络 network

통신망. 통신 장비를 갖춘 컴퓨터를 이용하여 컴퓨터를 상호 연결해주는 조직이나 체계.

使用拥有通信网和通信装备的电脑，是电脑相互连接的组织或者体系。

노벨티 新奇的 novelty

새롭고 신기한 것.

新的、神奇的事务。

노하우 秘籍 know-how

방법에 대한 기술적인 또는 실질적인 지식. 어떤 일을 하는 방법으로 기술적 비결이라고 표현할 수 있다.

技术上的技术或实质知识，可以用做技术的方法来描述技术的秘诀。

닌텐도(일본의 게임회사) 任天堂 Nintendo

닌텐도 주식회사는 일본의 대표적인 게임 회사로 〈젤다의 전설〉, 〈포켓몬〉 등 유명한 게임 소프트웨어를 많이 발매했고, 전용 게임기인 게임보이, 수퍼 패미콤, 닌텐도64 등을 발매했다. 1889년 설립 초기 일본의 카드 게임인 화투를 생산하다가 비디오 게임으로 전문화하였다.

任天堂公司是日本代表性游戏公司,推出了名为〈Zelda的传说〉〈精灵宝可梦〉等著名游戏软件,并推出了专用游戏机、超级碗、任天堂64等。1889年创立初期,在生产日本纸牌游戏--花斗,将其转为视频游戏。

ㄷ

ㄷ

다마고치(육성 게임) 拓麻歌子(养成类游戏)也叫宠物蛋 Tamagotchi

일본에서 개발한 휴대용 육성 시뮬레이션 게임으로 일본어 단어 "다마고(たまご, 계란)"와 영어 단어 "워치(watch)"의 합성어로 1996년 일본의 주부 아키 마이타가 개발하여 이후 반다이가 아이디어를 사서 판매한 디지털 애완동물 육성 게임이다.

这是日本开发的便携式模拟游戏,日语单词"tamago(egg, たまご)"和英语单词"watch"的合成词,1996年日本主妇Aki Maita开发并出售了数字游戏,此后一半是创意。

다이어그램 图表、示意图 diagram

기호, 선, 점, 화살표, 도형 등을 사용하여 각종 아이디어의 상호관계나 포함관계, 과정이나 절차, 구조 등을 이해시키는 설명적인 그림으로, 다이어그램의 기능과 목적은 정보의 쉽고 명확한 전달에 있다.

利用记号、线、点、箭头、图形等让其理解各种想法的相互关系、包含关系、过程、程序以及构造等说明的图片, 图表的功能与目的是具有传达。

다중 결말 多结局 multiple endings

이야기가 중심인 게임 중에서 플레이어의 선택에 따라 결말이 달라지는 것. 플레이어의 선택에 따라 이야기가 달라진다는 전제가 있어야 한다.

以故事为中心的游戏最初的故事会根据玩家的选择出现多样的解决。根据玩家的选择, 故事也要有不同的前提。

달리기 게임 驾驶类游 running game

게임 플레이어가 달리기 선수가 되어 올림픽에 출전하여 시합하거나, 뒤에서 쫓아오는 괴물을 피해 도망가는 게임 등 달리기라는 행위를 통해 플레이되는 모든 게임 장르를 의미한다. 아케이드 전성기에는 올림픽 등의 달리기 경주가 유행을 했고, 모바일 게임에서는 3D 환경에서 달리기를 통해 도망가거나 쫓는 게임이 크게 유행하였다.

这意味着, 游戏玩家成为赛跑选手, 参加奥运会比赛, 在后面追赶的怪物逃跑的游戏等跑步的行为, 意味着所有的游戏题材。在街机的全盛期, 奥运会等跑步比赛流行, 在移动游戏中, 在3D环境中, 通过跑步和追逐的游戏大幅流行。

대립, 갈등 矛盾, 对立 conflicts

서로 생각이나 처지 등이 달라서 맞부딪치는 것, 또는 다른 사람과 마음이 맞지 않아 다투는 상황. 게임의 서사에서는 주인공과 반대 세력 간의 대립과 갈등이 필연적으로 필요하다.

相互的想法或者情况不同而产生的碰撞, 或者不符合其他人的想法而出现争吵的情况。在游戏叙事中, 必然需要主人公和反对势力间的对立和矛盾。

대체 현실 게임 现实交替游戏 alternative reality game

가상의 사건이 현실에서 일어났다는 가정하에 네티즌들이 사건을 해결하는 게임을 말한다. 가상 세계에서 하는 것이 아니라 현실 세계에서 하는 게임으로 대안 현실 게임이라고도 한다.

假设假想事件在现实生活中存在,网民们才会说出解决事件的游戏。不是在虚拟世界做的游戏,而是在现实世界中玩游戏的游戏也被称为替代现实游戏。

ㄷ

던전 앤 드래곤즈(게임 이름) 龙与地下城 Dungeon & Dragons

〈던전 앤 드래곤〉(Dungeons & Dragons)은 TSR이 1974년 최초로 출판한 테이블 탑 롤플레잉 게임(table top role playing game)이자, 규칙이다. 현재는 1997년 TSR을 합병한 위저드 오브 더 코스트(Wizard of the Cost)가 판권을 소유하고 관련 서적을 출판하고 있다. 많은 판타지 소설과 컴퓨터 롤플레잉 게임이 이 게임의 설정과 규칙을 차용하고 있다.

〈龙与龙〉(Dungeons&Dragons)是于1974年首次出版的"table top role playing game"游戏,同时也是规则。目前,在1997年合并TSR的Wizard of the Cost有版权,并出版相关书籍。很多幻想小说和电脑游戏借用了该游戏的设定和规则。

데모 小样(演示版) demo

원래 데모 버전(version)은 프로그램을 구입하기 전에 사용자가 실험적으로 써보고 결정할 수 있도록 프로그램을 만든 회사가 공짜로 나눠주는 프로그램이다. 게임에서는 프로토타입과 유사하게 사용되며, 개발자가 아닌 타인들이 게임을 플레이 해볼 수 있도록 만들어진 간단한 형태의 게임을 의미한다.

原来样本是指在购买软件之前, 为了让用户能够体验到此软件, 制作公司免费分享的软件。在游戏中是指使用原型或者类似的游戏, 不是开发者而是为了能够让其他人玩此款游戏而制作的简单的形态的游戏。

데스 매치 死亡比赛 deathmatch

게임에서 상대방이 쓰러질 때(죽을 때)까지 치르는 전투나 싸움을 의미한다.

기권이나 비기는 경우를 인정하지 않는다.

意为只游戏中直至对方倒下或者死亡才能够停止。不承认弃权或者战平。

도전(도전과제) 挑战 challenge

도전과제는 게임의 특징 중 하나로 게임을 시작하면 도전해야 할 과제가 주어진다. 플레이어는 자신의 전략, 기술, 인지 능력 등을 이용하여 이 과제를 극복해야만 다음 단계로 나아갈 수 있다.

挑战课题作为游戏特征中的一个, 是在游戏开始时需要挑战的一个课题。玩家通过自身的战略、技术、认知能力等克服课题进入下一关。

도트 圆点 dot

도트는 마침표, 또는 점을 가리키며, 2D 그래픽 이미지의 최소 단위인 '점'을 뜻한다. 2D 게임에서 캐릭터, 배경 등을 하나하나 점을 찍어서 만든 것을 도트 그래픽이라고 한다. 원래 '도트'는 동그란 점을 뜻하는 단어지만, 게임에서는 화소['픽셀'(pixel)]과 혼용해서 사용하며, 사실상 '픽셀=도트'라고 봐도 괜찮다.

圆点是指句号或者点。也是指2D美术中最小的单位。在2D游戏中, 角色和背景是由一个个点所制作而成的圆点美术。原来圆点是指圆形的点, 但是在游戏中也与像素混用, 事实上也可把像素看成圆点。

동기 动机 motivation

(심리나 행동의) 동기, 동기 부여.

是指心里或者行动上的动机。

ㄷ

동물의 숲(게임 이름) 动物之森 Animal Crossing

닌텐도의 비디오 게임이다. 주인공이 동물들이 살고 있는 숲속의 마을로 이사를 가서 살면서 산책을 하고, 집을 인테리어하고, 곤충 채집을 하고, 낚시를 하고, 동물 이웃들과 교류하는 등의 활동을 하는 커뮤니케이션 게임이다.

是任天堂情报开发本部开发并由任天堂发行的系列，游戏中玩家生活在一个由拟人动物居住的村庄，展开各种活动。

동적 난이도 조정 动态难易度调整动态难度调整 DDA(Dynamic Difficulty Adjustment)

주로 레이싱 장르에서 게임의 몰입도를 높이기 위해 도입된 시스템으로, 플레이어의 위치에 따라 앞뒤로 경쟁자를 배치함으로써 플레이어의 경쟁 심리를 강화하고, 몰입도를 높이는 데 사용된다. 인공지능을 사용하지 않고 간단한 기법으로 플레이어의 경쟁 심리와 몰입도를 높일 수 있다.

动作难易度调整主要是在赛跑类的游戏中，为了挺高游戏的投入度而引入的系统，根据玩家的位置，安排前后的竞争者来强化玩家的竞争心理。在不使用人工智能，使用这样简单的方法便能够提高玩家的竞争心理与对游戏的投入度。

동키콩(게임 이름) 大金刚 Donkey Kong

닌텐도에서 1981년 발매된 아케이드 게임이다. 1982년에는 게임 앤드 워치(Game and Watch)에, 1983년에는 패밀리 컴퓨터에 각각 이식되어 킬러 소프트로 높은 인기를 끌었다. 닌텐도의 대표적인 캐릭터 마리오가 최초로 등장한 게임으로, 동키콩의 방해를 피해 마리오를 조작하여 그의 여자 친구인 폴린(이때에는 마리오처럼 이름이 없어 아가씨라고 불렸다)을 구출하는 액션 게임이다. 그러나 이때는 마리오의 이름이 없어 미국에서 점프 맨이라고 불릴 뿐이었다.

这是任天堂1981年推出的街机游戏。1982年,在Game and Watch上分别被移植到了家庭电脑,并于1983年被植入了“杀手锏”,人气非常高。任天堂的代表性人物马里奥首次登场,以躲避大金刚 (Dongkey Kong)的妨碍而造假,他的女朋友Paulin被称为“女主人公”。这是一场救出动作戏的动作游戏。但是当时因为没有马里奥(Mario)的名字,在美国被称为jump man。

드라이빙 게임 驾驶类游戏 driving game

게임의 장르 구분에서 레이싱 게임을 드라이빙 게임이라고도 부른다. 레이싱 게임은 자동차나 오토바이와 같은 차량을 조종해서 순위 경쟁을 하는 것이 기본적인 형태다.

使玩家模拟驾驶行为的游戏。

드롭률 掉落率(丢失率) drop rate

게임에서 플레이어가 적 몬스터를 처치했을 때 아이템을 얻을 수 있는 확률. 또는 처치한 몬스터가 아이템을 떨어뜨릴 확률을 의미한다. 영어의 “떨어뜨리다”의 “드롭(drop)”과 한자 率(율/률)을 합친 합성어이다.

在游戏中, 玩家在打击敌人或者怪兽的时候所得道具的概率。或者受伤的怪兽掉落道具的概率。英文的掉落是drop和汉字率的合成词。

디렉터(감독) 导演 director

영화로 비유하자면 감독에 해당하며 주로 게임의 작품성과 게임의 특징을 살려내는 일을 함. 프로듀서와는 달리 게임의 맛을 내는 데 중요한 의사결정을 하는 사람으로서 게임 개발에 대한 살아있는 지식과 풍부한 경험이 요구되고,

현장에서의 개발 책임자로 기획, 그래픽, 프로그래밍, 사운드 등 게임개발의 총괄적인 지휘 및 관리 업무를 담당한다.

如果比喻成电影的话, 相当于导演的职位, 主要负责游戏的作品性和游戏的特征。与制作人不同的是, 作为重要的决策人, 要求具备丰富的游戏开发知识和经验。作为游戏现场的负责人负责策划、美术、程序、音乐等与游戏开发相关的指挥与管理。

ㄷ

디펜스 게임 防御游戏 defense game

몰려오는 몬스터를 계속해서 막아내는 것을 핵심 요소로 삼는 게임 장르로, 원래 디펜스 게임은 게임 레벨 디자인(level design)의 기법으로, 1인칭 슈팅 게임(FPS, First Person Shooter)이나 실시간 전략 시뮬레이션(RTS, Real-Time Strategy) 장르에서 몰려오는 적군을 막아내는 것을 의미한다.

将连续阻击蜂拥而至的怪兽作为游戏的核心要素的游戏题材, 原来防御游戏是游戏等级设计(level design)的手段, 意为在一人称射击游戏与实时战略模拟游戏题材中阻挡蜂拥而至的敌军。

2

ㄹ

라이선스 许可证 license

등록된 지적재산권을 가지고 있는 개인 또는 단체(회사)가 타인에게 대가를 받고 그 지적재산권을 사용할 수 있도록 상업적 권리를 부여하는 계약. 또는 라이선서가 보유하고 있는 특허.

拥有登记知识产权的个人或团体(公司)是为了得到他人的利益,赋予他人权利使用权的商业权利的契约。

락온 표적 시스템 锁定目标系统 lock-on target system

비행 시뮬레이션 게임에서 플레이어가 조정하는 항공기의 총이나 미사일이 탐지 레이더로부터 표적을 지정받아 표적의 교전 제원인 거리, 방위각, 고도, 속도를 조정하여 표적 명중 시까지 계속적으로 산출하여 나아가는 절차.

在飞行模拟游戏中,由玩家调整的飞机的枪机或导弹被指定为探测雷达的目标,调整目标的交战规格、方位角、高度、速度距离并持续计算出目标。

랙 游戏延迟 lag

원래 의미는 뒤에 처지다, 뛰떨어지다라는 의미지만, 게임에서는 신호가 입력된 후 출력될 때까지의 시간적 지연(delay)을 의미하며, 주로 온라인 게임에서 서버와의 통신이 지연되어 게임이 지연되거나 멈추게 되는 현상을 말한다.

其意义在后面。意思是指,在游戏中输入的时间是指,在游戏输入信号后的时间上,它的时间会延迟(delay),主要是在游戏中与服务器的通信被延误,从而导致游戏推迟或停滞。

랜 파티 游戏玩家聚会(LAN派对) LAN party

1990년대 미국에서 생겨난 컴퓨터 게임 용어로 근거리 통신망(LAN)과 파티(party)의 합성어이다. 1990년대는 인터넷 시설과 속도가 열악하여 원활한 멀티 플레이어 게임을 할 수 없었다. 이때 게임을 좋아하는 게이머들이 오프라인의 한 장소에 모여 그 장소에서 멀티플레이어 게임을 하는 것을 의미한다. 각자 컴퓨터를 갖고 인터넷 통신이 잘되는 집에 모여서 밤새 게임을 진행하던 풍습 중의 하나이다.

20世纪90年代美国发生的电脑游戏术语是近距离通信网(LAN)和派对(party)的合成词。20世纪90年代,由于互联网设施和速度低下,无法进行流畅的多媒体游戏。玩游戏的时候游戏玩家会聚在一起玩游戏,在那里玩游戏。这是一个拥有电脑、在互联网通信较好的家里聚集在一起玩游戏的风俗习惯之一。

ㄹ

랭킹, 순위 排行 ranking

성적의 순위.

成绩的排位。

레벨 等级 level

게임에서 지위나 계급을 나타내는 정도, 수준.

在游戏中表现出地位或者级数的程度或者水准。

레벨 업 升级 level up

게임에서 주인공 캐릭터가 자신의 레벨(수준)을 올려나가는 것.

| 是指在游戏中提高主人公角色的级数。

레이드(습격) 偷袭、突袭 raid

보통 MMORPG에서 공격/방어 등의 능력치가 높은 레벨의 몬스터를 공격하기 위해서 만들어진 대규모 사냥 공격.

| 这是为攻击通常MMORPG中攻击/防御能力高的怪兽而制造的大规模狩猎攻击。

레이싱 게임 赛车类游戏(竞速游戏) racing game

주로 자동차, 오토바이, 보트 등을 조정해서 플레이하는 자동차 경주 게임. 레이싱에 대한 대리 만족을 목적으로 만들어진 게임으로 질주 본능, 경쟁 본능, 스피드 본능을 충족시켜주는 게임 장르 중 하나로 1974년 타이토에서 출시된 "스피드 레이스"는 다른 차를 추월하며 달리는 게임으로 매우 성공적이어서 대중적인 장르가 되었다.

| 以汽车、摩托车、船等进行调整的赛车游戏，以对赛车的代理满足为目的制造的游戏，以满足驰骋的疾驰本能、满足竞争本能、超速本能的游戏题材之一，1974年Taito公司上市的"速度蕾丝"是一场超越其他汽车的游戏，非常成功，成为了大众性的体裁。

레이턴시(지연시간) 延迟时间(延时) latency

네트워크에서 하나의 데이터 패킷이 다른 지점으로 전송되는 시간이 지연되는 것.

| 在网络上，一个数据包传送到另一个地点的时间是延迟的。

로그 商标 log

컴퓨터나 서버(server) 등에서 유저(user)의 플레이 정보를 시간에 따라 남기는 기록을 의미한다.

Log是指,在电脑或服务器(server)等地,根据时间留下用户(user)的信息。

ㄹ

로그 라이크 角色扮演游戏的一个子类 roguelike

1980년 출시된 〈로그(Rogue)〉라는 게임을 시초로 공통된 특징들을 공유하는 게임들을 구분하여 로그류(類) 게임이라고 부른다. 로그 게임은 방과 통로로 이루어진 게임 공간으로 하여 독특한 게임 미션이 제공된다.

以1980年上市的〈Rogue〉游戏为开始,将共享共同特征的游戏区分为"log类游戏"。登录游戏由房间和通道构成,提供独特的游戏任务。

로그아웃 注销 log out

게임 이용자가 온라인 게임에 접속하여 게임을 다 플레이하고 게임을 나올 때 하는 행위로 로그인 할 때와는 달리 간단한 절차를 통해 나올 수 있다.

游戏用户连接网络游戏 玩完游戏后, 出来游戏的时候与登录时不同, 通过简单的程序可以显示出来。

로그인 登录 log in

게임 이용자가 온라인 게임을 이용할 때마다 그 계정의 실제 소유자임을 인증하기 위한 절차로 보통 아이디와 암호를 입력하여 접속한다.

游戏用户每次使用网络游戏时,都会认可其账户的实际所有者身份,并

| 输入普通账户(ID)和密码。

로열티 **版税** royalty

타인 또는 다른 회사의 지적재산권(특허권, 상표권) 등을 사용하고 그 이용료를 지불하는 대가를 의미한다.

| 这意味着使用他人或其他公司的知识产权(专利权,商标权)支付使用费。

롤 플레잉 게임 **RPG角色扮演游戏** role playing game

플레이어가 게임 속의 주인공이 되어서 가상의 세계에서 게임 내에 주어진 역할을 수행하면서 퍼즐을 풀어가는 방식의 게임으로, 스토리를 중심으로 전개되며 주인공이 성장하는 특징이 있다. 주요 소재로는 마법, 검, 무기, 전쟁 등이 있다. 일반적으로 플레이어는 평범한 능력의 사람으로, 게임 속의 재능 있는 캐릭터들과 상호작용하면서 자신의 능력을 키워나간다.

| 玩家成为游戏中的主人公,在虚拟世界中发挥游戏内的作用,并解开谜团,以故事为中心展开,主人公成长。主要材料有魔法,剑,武器,战争等。一般来说,玩家是平凡的能力人,通过与游戏中具有才能的角色相互作用,培养自己的能力。

롤러코스터 타이쿤(게임 이름) **过山车大亨** RollerCoaster Tycoon

롤러코스터 타이쿤 시리즈는 미국의 하스브로 인터랙티브(Hasbro Interactive)사에서 만든 테마 파크 경영 시뮬레이션 게임으로 1999년 롤러코스터 타이쿤 1이 출시된 이래 전 세계에서 많은 인기를 얻어 왔다.

| "过山车大亨"系列是美国Hasbro Interactive公司制作的主题公园经

营模拟游戏,自1999年"Roller Coster Tikun1"上市以来,在全世界广受欢迎。

리듬 게임 节奏游戏、音乐游戏 rhythm game

플레이어가 리듬이나 음악에 맞춰서 조작하는 게임을 말한다. 보통 시각이나 청각적 신호를 제공하고 그 리듬이나 음악에 맞추어 버튼이나 주어진 인터페이스를 누르는 방식으로 구성되어 있다.

玩家根据节奏和音乐操作的游戏。由提供一般视觉或听觉信号,根据节奏或音乐按下按钮或指定接口的方式构成。

리로드, 재장전 再装, 重新下载 reload

총포에 총알이나 탄약을 다시 재어 넣는 일. 대부분의 FPS 게임에서는 현실과 같은 느낌을 제공하기 위해 간단한 인터페이스(총을 클릭한다든가, 단축키를 누름)를 통해 재장전 기능을 제공한다. 실제 총 모양을 가진 아케이드 게임에서는 총구를 위로 올렸다 내리는 동작을 통해 재장전되기도 한다.

在大部分的FPS游戏中,为了提供与现实相同的感觉,通过简单的接口(点击或按快捷键)提供再装战功能。实际上,在具有枪形的arcade游戏中,枪口向上向上拉动的动作,甚至可以重新装填。

마나 점수 魔法值 mana point

인간의 일상적인 힘을 초월하여 모든 것에 작용하는 마법 같은 힘을 의미하며, 게임에서는 주로 마법을 의미하고 마나 점수는 마법의 점수를 의미한다.

它意味着超越人类的日常力量,赋予所有的一切作用,在游戏中主要意味着魔法,分数则意味着魔法的分数。

ㅁ

마우스 鼠标 mouse

컴퓨터 입력장치 중 하나로 컴퓨터 화면 위에서 커서 또는 아이콘 등을 이동시킬 때 사용한다. 손바닥 안에 들어오는 둥글고 작은 모양으로 긴 케이블이 달려 있어서 쥐를 닮았다고 하여 마우스(mouse)라고 불리게 되었다. 물론 최근에는 무선 마우스도 많이 사용되고 있다.

电脑输入装置的一种, 在扩大电脑画面或者移动图标时使用的。在手掌中这样圆形的小的电缆, 由于模样酷似老鼠所以被称为鼠标。最近多用无线鼠标。

망각 곡선 遗忘曲线 forgetting curve

시간이 지남에 따라 기억이 감소되는 정도를 말하는 가설이다. 이 곡선은 기억을 유지하려는 시도가 없을 때 정보가 시간이 지남에 따라 손실되는 정도를 보여준다. 기억이 강할수록 더 오랜 시간 후에 정보를 다시 떠올릴 수 있다. 망각 곡선의 전형적인 그래프는 사람이 며칠, 몇 주에 걸쳐 배운 새로운 지식이 의식적으로 학습한 지식을 복습하지 않는 한 기억한 내용이 반으로 줄어드는 것을 보여준다. 헤르만 에빙하우스는 의미가 없는 철자열(이를테면, 'fjisd')을 가지고 망각의 양을 연구했다.

随着时间的推移, 记忆也会随之减少的假设。这个曲线在没有试图维持记忆的情况下, 根据时间的流逝, 表现出的损失的程度。记忆越是强大,在很久以后这些信息就会重现浮现出来。遗忘曲线整体的图表是指人们在经历几天、几周之后所学的新知识在不复习的情况下所记得的内容只会剩下一半。

매뉴얼, 사용설명서 使用说明书/指南 manual

게임에 대한 사용자 설명서, 안내서, 지침서 등을 의미.

指的是对游戏的使用者说明书、指南书等。

매슬로의 욕구 단계 马斯洛的需求阶段 Maslow's hierarchy of needs

매슬로(Maslow)의 욕구단계론은 인간의 욕구는 위계적(hierarchy)으로 조직되어 하위 단계의 욕구가 충족되어야 비로소 상위 단계의 욕구가 발현된다는 동기 이론. 매슬로는 인간의 동기가 작용하는 양상을 설명하기 위해 동기를 생리적 욕구, 안전 욕구, 애정과 소속의 욕구, 존중 욕구, 그리고 자아 실현 욕구의 5단계로 구분했다.

马斯洛的需求阶段是人的欲望是组织性的(hierarchy), 只有满足下级的欲望才是上位的欲望。马斯洛为了说明人类的动机起作用的情况, 把动机分为生理欲、安全欲望、爱情和所属的欲望、尊重欲望和自我实现欲望的5个阶段。

매직 서클(마법의 원) 魔法阵 magic circle

요한 호이징하의 책 《호모 루덴스(Homo Ludens: 놀이하는 사람)》에서 나오는 표현으로 게임이 일어나는 특별한 시간과 공간의 경계를 의미한다. 마법사가 지팡이를 두드리면 원형으로 마법의 세계로 변하는 데 착안하여 만든 용어로 게임은 현실 세계에서도 플레이어들의 게임을 하려는 태도와 합의된 규칙의 의해 갑작스럽게 일어날 수도 있다는 것을 상징적으로 표현한 것이다.

Johan Huizinga的书《Homo Ludens: 爱玩的人》中的描述, 意味着游戏发生的特别时间和空间的界限。这句话象征性地表现出了"魔法师"的意思,即,用魔法敲击地球的话,用魔法的世界转变成幻想世界的游戏,在现实世界中也会有玩家玩游戏的态度和达成协议的规则。

ㅁ

매핑 测绘、测图 mapping

3D 모델링을 할 때 모델에 텍스처를 펴 바르는 작업.

在做3D模型的时候,在模型上涂上质地均匀的产品。

머그(멀티 유저 그래픽) 多用户网络游戏音乐游戏 MUG

머드 게임 중에서 텍스트 기반이 아니라 그래픽 위주로 표현된 온라인 게임을 의미한다. 최초의 머그로는 한국 넥슨에서 개발하고 서비스하는 〈바람의 나라〉가 있다.

在多用户网络游戏中,不是以文本为基础,而是以图形为主表现的在线游戏。最初的MUG是由韩国Nexon公司开发并提供服务的"风之国"。

머드(멀티 유저 던전) 多使用者空间 MUD

온라인 상에서 많은 사람이 동시에 게임을 즐길 수 있는 던전, 또는 게임을 의미한다. 던전(dungeon)은 원래 지하감옥을 뜻하는 말로, 복잡한 미로를 찾아가는 게임에서 유래되었다.

在网络上,很多人都是可以同时享受游戏乐趣的地下乐和游戏。地下通道原本是指地下监狱的意思,源于寻找复杂莫测的迷宫的游戏。

머시니마 机械电影/引擎电影 machinima

기계를 의미하는 머신(machine)과 영화를 의미하는 시네마(cinema)의 합성어로, 기존의 게임이 제공하는 엔진을 이용해 만든 애니메이션 영화를 의미.

machinima是指象征机械的机器(machine)和意味着电影的电影(cinema)的合成词,是利用现有游戏提供的引擎制作的动画片。

ㅁ

머피의 법칙 墨菲定律 Murphy's law

좀처럼 일이 풀리지 않고 갈수록 꼬이기만 하는 경우에 쓰이는 일종의 경험 법칙으로 미국 에드워드 공군 기지에서 근무하던 에드워드 A. 머피(Edward A. Murphy) 대위가 1949년 처음으로 사용하였다. 우연히도 나쁜 방향으로만 일이 전개될 때 사용된다. 이와는 반대로 우연히도 자신에게 유리한 일만 계속해서 일어나는 것을 샐리의 법칙(Sally's law)이라고 한다.

在事情没有解决反而变得更加复杂的情况中使用的一种经验法则, 在美国爱德华空军基地工作的大尉在1949年第一次使用。只有在坏事发生时才能使用。与此相反,偶尔也会发生对自己有利的事情,称之为"萨利定律(Sally's law)"。

멀티 플레이 多人游戏 multi-play

여러 사람이 동시에 하나의 게임 서버에서 플레이하는 것.

许多人同时在一个游戏服务器玩的游戏。

ㅁ

메모리 内存 memory

컴퓨터 내부에서 계산처리된 결과를 기억하는 것, 또는 기록해 두는 장치.

是指储存电脑内部计算的结果, 或者记录电脑所有的装置。

모바 多人在线战术竞技游戏 MOBA(Multiplayer On-line Battle Arena)

온라인 게임 중에서 가상의 일정 서버에서 다수의 플레이어가 참가해서 즐기는 방식의 전투 게임의 한 장르. 1인용 액션 게임과 팀을 이루어 즐기는 실시간 전략 게임을 결합한 것.

在线上游戏中, 多数玩家加入, 战斗游戏的一种类型。代表性的游戏便是一人动作游戏与组队实时战略游戏相结合。

모바일 게임 手游 mobile game

핸드폰, 주로 스마트폰을 이용하여 진행하는 게임을 의미하며, 중국에서는 手机游戏, 줄여서 手游라고도 함.

手机游戏。

목표 目标 goals

활동을 통해 이루거나 도달하려는 실제적 대상 또는 사격 따위에서 눈으로 조준하는 표식. 게임에서는 명확한 목표가 제시되어야 한다.

在通过活动实现或达到目的的实际对象或射击等项目上,在游戏中必须提出明确的目标。

목표 대상층 目标对象层(目标受众) target audience

게임에서 목표로 하는 이용자의 대상, 즉 어린이용, 청소년용, 성인용 등 이용자의 대상 범위를 나타낸다.

表示游戏中目标的使用者对象,即儿童用,青少年用,成人用等用户范围。

몰입 沉浸、沉迷 immersion

무언가에 흠뻑 빠져 심취해 있는 무아지경의 상태를 말한다. 칙센트미하이는 이것을 "플로우(Flow) 상태"로 명명했다.

指的是陶醉于某种事物中不能自拔的忘我之情。Mihaly Csikszentmihalyi命名为"Flow状态"。

무료 게임 免费游戏 free-to-play

무료로 다운로드 하여 플레이할 수 있는 게임을 의미하지만, 나중에 아이템 구매 등을 통해 과금하기도 한다.

能够免费下载的游戏, 在以后通过道具来收取费用。

무의식적인, 잠재적인 无意识的、潜在的 subconscious

의식이 접근할 수 없는 정신 영역으로, 우리들은 지각하지 못하고 활동하고 있는 정신 세계를 의미한다. 하의식(下意識)이라고도 한다. 어떤 경험을 의식적으로 한 후, 그 경험과 관련된 사건, 사람, 물건, 동기들이 일시적으로 기억되거나 감지되지 못하고 있지만, 특별한 자극을 주면 다시 기억을 재생할 수 있는(나타나는) 상태를 의미한다.

意识无法接近的精神领域,意味着我们不迟到,在活动的精神世界。亦称下意识。意识性地体验了某种经验后,虽然与经验相关的事件,人,物,动机暂时无法被记住或感知,但如果受到特别的刺激,则意味着可以重新恢复记忆的状态。

ㅁ

문명(게임 이름) 文明 Civilization

개발자인 시드 마이어(Sid Meier)의 이름을 붙여서 시드 마이어의 문명이라고 불리며, 모노폴리(보드 게임의 일종)에서 영감을 받아 제작했다고 한다. 플레이어는 게임 안에서 하나의 문명을 선택하여 지도자가 되어 세계 정복에 나서는 전략 역사 시뮬레이션 게임이다. 문명 게임은 2012년 〈문명 5〉가 출시되었고, 다양한 확장판이 있다.

据说,它是以开发者(Sid Meier)的名字命名的。玩家是在游戏中选出一个文明,成为领导世界的战略历史模拟游戏。文明游戏在2012年推出了文明第五个 版本,有多种多样的扩张版本。

문제해결 解决问题 problem solving

문제를 인식하고 원인을 분석해 해결책을 도출하는 문제를 풀어가는 일련의 과정.

认识到问题并进行分析原因, 找到解决政策进行解决问题的过程。

물리적 인터페이스 物理界面 physical interface

보통 컴퓨터에서 두 개의 장치 사이를 연결해주는 물리적 형태의 인터페이스를 의미한다. 예를 들면, USB 포트는 컴퓨터와 주변 장치를 서로 연결하는 물리적 인터페이스 중의 하나이다.

通常在计算机上显示两个设备之间连接的物理形式。例如, USB port是连接电脑和周边设备的物理接口之一。

미미크리(모방) 模仿 mimicry

사람이 다른 사람, 또는 다른 무엇인가를 모방하는 것을 말한다. 미미크리 놀이의 특징은 일정하고 엄격한 규칙이 존재하지 않는다는 것이다. 소꿉장난, 가면 놀이 등이 이에 해당하고 전자 게임에는 롤플레잉 게임으로 발전하였다.

是指人来模仿其他的人或者其他的东西。模仿不存在一定的与严格的规矩。一般以过家家这样的游戏有关, 在电子游戏中发展为角色模拟训练游戏。

미하이 칙센트미하이 米哈里齐克森·米哈里;契克森米哈赖 Mihalyi Csikszentmihalyi

1934년 이탈리아 출신으로 미국 피터드러커 대학원 교수였으며, 긍정심리학 연구에 큰 성과를 거두었고, 플로우라는 개념을 만들어서 게임의 몰입 이론에 큰 영향을 주었다. 플로우란 '삼매경'에 빠지는 심리적 상태를 말한다.

1934年意大利出身, 是美国皮特德·德勒大学的教授, 在积极的心理学研究上取得了很大的成果, 创造了flow的概念, 对游戏的投入理论产生了很大的影响。"flow"是指陷入"三昧境"的心理状态。

미학(적 요소) 美学(要素) asthetics

미학, 미적 정서의 연구를 의미하며, MDA에서는 미학적 요소를 의미한다.

是研究人与世界审美关系的一门学科, 即美学研究的对象是审美活动。审美活动是人的一种以意象世界为对象的人生体验活动, 是人类的一种精神文化活动。

ㅂ

바둑 게임 围棋游戏 Go

중국의 전통 놀이인 围棋를 한국에서는 바둑이라고 하며, 영어로는 Go라고 부른다. 19*19의 격자무늬가 있는 판 위에서 검은 돌과 하얀 돌로 번갈아 가며 서로 집을 많이 만드는 사람이 이기는 게임이다.

围棋是中国的传统游戏，在19*19的棋盘上，黑白棋子轮番进行对弈，而获取胜利的游戏。

바이오피드백 게임 生物反馈游戏 biofeedback game

바이오피드백의 원리를 기초로 하여 게임 이용자의 생리적인 상태를 스스로 확인하면서 진행하는 컴퓨터 게임을 의미한다. 인체의 생물학적 신호를 측정할 수 있는 장치를 부착하고 게임을 진행한다.

生物反馈游戏是指以生物反馈的原理为基础，确认游戏用户的生理状态而进行的电脑游戏。通过能够预测人体的生物学的信号的装置来进行游戏。

반복적 디자인 反复设计 iterative design

대부분의 일은 기획, 실행, 평가 등의 과정을 거치는데, 게임 개발 과정에서는 이 과정이 계속해서 반복된다. 게임을 기획하고, 제작하고, 평가하여 다시 만드는 과정이 반복되는 것을 의미한다.

大部分事情都是经过计划、实行、评审等过程，游戏开发的过程也是反复的持续这样的过程。是指经历游戏策划、制作、评审这样反复的过程。

반복적 피드백 重复反馈 feedback loops

반복적으로 피드백한다는 의미로 게임의 결과가 다시 원인에 영향을 미치는 일이 반복되어 일어나는 현상을 의미한다. 게임은 이러한 반복 과정이 자주 일어난다.

反复反馈是指游戏的结果会再次受原因的影响而出现反复的情况, 游戏当中经常出现这样反复的情况。

반지의 제왕(소설 제목) 指环王 Load of Rings

세계적인 작가 톨킨(J.R.R Tolkien)은 북유럽신화에 토대를 둔 판타지 소설을 창작하였고, 이것은 영화, 게임, 애니메이션 등으로 다양하게 확장되었다.

世界性的作家托尔顿(J.R.R Tolkien)创作了基于北欧神话的幻想小说, 这是通过电影、游戏、动画等多种方式扩张的。

발견 发现 discovery

플레이어가 게임 내에서 새롭게 찾아낸다는 의미로, 숨겨진 아이템, 경로 또는 대륙을 발견하거나, 게임 안에서의 아이템의 용도와 조합방법 등을 발견한다는 의미로 게임에서의 중요한 재미 요소 중 하나이다. 어떤 경우는 게임의 규칙을 발견하게 하기도 한다.

是指玩家在游戏中找到新的东西, 发现隐藏的道具, 道路或者大陆。也具有发现游戏里的道具的用或者组合方法等意思。是游戏中重要的趣味要素之一。也可以指发现游戏的规则。

발현 发现、出现 emergence

내재되어 있던 속성들이 상호작용과 시스템에 의한 피드백에 의해 갑자기 크게 발전하는 것을 의미. 게임에서는 게임 메커닉에 의해 게임과 플레이어, 플레이어와 플레이어의 관계 사이에서 기획자의 의도와 달리 예상치 못한 창의적인 무한대의 사건이 발생하는 것을 의미한다.

意为内在的属性根据相互作用与系统的反馈突然有大的发展。在游戏中根据游戏核心, 游戏和游戏玩法、游戏玩家与游戏玩家之间的关系, 与策划者的意图不同, 发现了所没有预想到的具有无限创意的事件。

ㅂ

방관자 효과 旁观者效应 bystandereffect

주변에 사람이 많으면 많을수록 책임이 분산되어 오히려 위험에 처한 사람을 덜 돕게 되는 현상을 말한다. 1964년 뉴욕의 퀸스 지역 주택가에서 키티 제노비스(Kitty Genovese)가 강도에 의해 살해된 사건에서 유래되었다.

旁观者效应也称为责任分散效应, 是指对某一件事来说, 如果是单个个体被要求单独完成任务, 责任感就会很强, 会作出积极的反应。但如果是要求一个群体共同完成任务, 群体中的每个个体的责任感就会很弱, 面对困难或遇到责任往往会退缩。因为前者独立承担责任, 后者期望别人多承担点儿责任。"责任分散"的实质就是人多不负责, 责任不落实。

방패, 보호막 神盾局(护盾) shield

게임에서 사용되는 방패, 또는 보호막을 의미한다. 플레이어가 실드 기능이 있는 아이템을 사용하면 상대방의 공격을 막거나 그 피해를 줄일 수 있다.

这意味着游戏使用的盾牌或保护膜。如果玩家使用具有护盾功能的产品,可以抵挡对方的攻击或减少其损失。

배급 分配 distribution

영화산업과 마찬가지로 게임 개발사가 만들었거나 배급사에서 자체로 제작한 비디오 게임을 배급하는 행위를 말한다. 영화 배급사처럼 게임 배급사도 상품의 제작 그리고 광고 등의 마케팅에 관여한다. 배급을 전문으로 하는 회사를 퍼블리셔(publisher)라고 부른다. 최근에는 특히 모바일 게임에서 별도의 배급사를 거치지 않고, 개발사가 직접 앱스토어에 직접 업로드하여 서비스하는 방식이 도입되기도 하였다.

这是指和电影产业一样,由游戏开发商制作或发行由发行公司自行制作的视频游戏。如同电影发行公司一样,游戏发行公司也参与制作商品的制作和广告等促销活动。专门负责分配业务的公司叫做“publisher”。最近,还引入了在手机游戏中没有额外的供应公司,直接在应用程序商店直接上传到应用程序商店进行服务的方式。

밸런스(균형) 平衡、均衡 balance

게임에서의 균형을 의미한다. 주로 캐릭터 간의 균형, 종족 간의 균형, 공격과 수비 간의 균형, 능력, 무기의 균형 등을 모두 포함한다.

是指在游戏中的均衡。主要包括角色间的均衡, 种族间的均衡, 攻击与防备的均衡, 能力与武器间的均衡等。

버전 版本 version

소프트웨어나 하드웨어 상품의 개발 단계 및 순서를 번호로 표시한 것이다. 점으로 구분된 두 개의 숫자로 이루어진 버전번호는, 점 앞의 숫자를 주번호, 뒤의 숫자를 부번호라고 한다. 버전은 보통 무언가가 잘못되었을 때 복구를 돕기 위해, 또는 프로젝트 진행 중 과거의 어떤 시점으로 돌아갈 수 있게 하기 위해, 여러 사람이 참여하는 프로젝트일 경우, 각자가 수정한 부분을 팀원 전체에게 동일한 버전을 공유하게 하기 위해, 또는 소스 코드의 변경사항을 추적하거나 수정작업을 안전하게 하기 위해 버전 관리를 해야 한다.

即,用号码标记了软件或硬件商品的开发阶段及顺序。用点分开的两个数字组成的版本编号,把点前面的数字称为主号码,后面的数字称为附号码。版本一般在发生错误时,为了帮助复原,或者为了让项目进行过程中回到过去任何时间,在很多人参与的项目中,为了各自修改的部分,或者让全体组员共享相同版本。

ㅂ

버튼 按钮 button

눌러서 기계를 제어할 수 있도록 한 스위치의 일종으로 게임에서는 키보드의 특정 버튼을 눌러 게임을 조작한다.

是一种常用的控制电器元件, 常用来接通或断开'控制电路'(其中电流很小), 从而达到控制电动机或其他电气设备运行目的的一种开关。在游戏中, 按键盘的特定按钮来操作游戏。

버프 增益效果 buff

온라인 게임 등에서 캐릭터의 기본 능력치를 일시적으로 증가시켜주는 모든 효과 내지는 스킬.

在网络游戏等中暂时增加角色的基本能力值的所有效果或者技能。

베타 테스트 β测试 beta test

하드웨어나 소프트웨어의 개발 단계에서 상용화하기 전에 실시하는 제품 검사 작업을 의미한다. 회사 내부에서 진행되는 알파 테스트와 비교하여 회사 외부 평가자들에게 평가받는 것을 베타 테스트라고 하며, 제한된 사람에게만 평가받는 클로즈 베타 테스트와 누구나 참여할 수 있는 오픈 베타 테스트로 구분하기도 한다. 주로 게임의 결함 여부, 제품으로서의 가치 등을 평가하기 위해 실시한다.

这意味着在硬件或软件开发阶段商用化之前进行产品检查。与公司内部进行的Alpa Test相比较, 外部评价称为Beta Test, 与只对有限的人进行评价的Close Beta Test相比, 被多数人评价称为Open Beta Test。这是为了评价游戏是否存在缺陷、作为产品的价值等而实行的。

벤처 기업 高科技企业, 风险企业 (创业公司, 风险投资公司)

venture company

창조적 아이디어와 첨단 기술을 바탕으로 도전적인 사업을 하는 중소기업을 의미한다. 영어로는 스타트업(startup)이라고 하고 주로 첨단 기술 분야의 업종에서 막 시작한 소기업을 말한다.

这意味着以创造性想法和尖端技术为基础,进行挑战性的事业的中小企业。英文叫"startup",主要是在尖端技术领域刚起步的小企业。

벤처 자본 风险资本 venture capital

위험성은 크지만 높은 기대수익이 예상되는 사업에 투자되는 자금을 말한다. 장래성은 있지만, 자본과 경영기반이 취약하여 일반 금융기관에서 융자도 받기 어려운 기업에 대하여 창업 초기 단계에 자본 참여를 통해 위험을 기업가와 공동으로 부담하고 자금, 경영관리, 기술지도, 해외 시장 정보 제공 등 종합적인 지원을 제공함으로써 높은 이득을 추구하는 자본 또는 금융활동을 의미한다. 보통 기업을 성장시켜 주식을 공개(IPO)함으로써 자본 이득을 얻어 수익을 올린다.

虽然危险性大,但是指投资在预期收益较高的事业的资金。对于有前途,但资本和经营基础薄弱,一般金融机构很难获得贷款的企业,创业者在创业初期阶段,通过与企业家共同承担资金,经营管理,技术指导,提供海外市场信息等综合性支援。通过使普通企业成长,公开(IPO)股份,获取资本利益,提高收益。

벤치마크 标杆 benchmark

평가할 때 기준이 되는 지표를 의미한다. 게임에서는 유사한 게임에 대한 비교 분석과정을 벤치마크라고도 표현한다.

意味着评价时成为基准的指标。游戏产业对类似游戏的比较分析过程也称为"标杆"。

ㅂ

벽돌깨기(게임 이름) 打砖块 Breakout Game

1976년 아타리사에서 개발한 아케이드용 게임으로 퐁(Pong)에서 영감을 받아 놀란 부쉬넬이 개념화해서 크게 인기를 끌었다.

1976年在阿塔里公司开发出的街机游戏,在Pong游戏得灵感,震惊了全世界。

보드 게임 卡牌类游戏(桌游) Board Games

판 위에서 말이나 카드를 놓고 일정한 규칙에 따라 진행하는 게임으로 장기, 바둑, 체스, 부루마블 등이 이에 해당한다.

这是一场棋牌上放马或棋牌, 按一定规则进行的游戏, 象棋、围棋、国际象棋、大富翁等属于这一类。

보상 奖励 rewards

어떤 행동에 대해 그에 상응하는 대가를 지불하는 것으로 게임에서는 게임 플레이 결과에 대해 다양한 방식으로 보상을 지불한다. 아이템 제공, 레벨 업, 점수나 순위 제공 등이 대표적이다.

对于某些行为,游戏会支付相应的代价,对于游戏结果会以多种方式进行补偿。提供项目,升级,提供分数和名次等就是代表性的例子。

보스 终极怪兽(敌人首领) boss

게임에서 등장하는 적 캐릭터 종류 중 하나이다. 보스는 스테이지의 마지막에 게임 내 흐름의 절정에 주로 나타나며, 이 적 캐릭터는 보통의 적보다 훨씬 강하게 설정되어 있으며 보통 적이 하지 못하는 강하고 특수한 능력이 있어서 게임의 임무를 완수하기 어렵게 설계되어 있다.

游戏中登场的敌对角色中的一种, 终极怪兽主要出现在关卡的最后一关中。这个敌对的角色与普通的敌人相比更强, 拥有普通敌人所不具备的特殊能力, 完成这个游戏任务是很难的。

복잡성 复杂性 compexity

갈피를 잡기 어려울 만큼 여러 가지가 얽혀 있거나 어수선한 성질. 게임 안의 세계는 복잡성의 세계이다.

很难抓住头绪, 能够读出何种想法或者杂乱无章的性质。游戏里的世界是复杂性的世界。

본능 本能 instinct

사람과 동물에 특유하게 타고난 행동능력. 가르쳐주지 않아도 아기가 어머니의 젖을 빠는 행동, 무서운 것이 있으면 피하는 행동 능력을 의미한다. 본능에는 개체보존을 위하여 위급함으로부터 도망치려는 도주본능(逃走本能), 종(種)의 보존을 위한 성본능(性本能), 사회생활을 위한 군거본능(群居本能), 자기 집으로 돌아가려는 귀소본능(歸巢本能) 등이 있다.

在人类和动物特有的行动能力上,即使不教孩子,也会有孩子吮奶的行为,如果有什么可怕的东西,就意味着躲避的行动能力。在本能中都有,为了保存自身的生命而逃跑的"逃跑本能"、为了保存物种的性本能、为社会生活的"群居本能"、想要回家的归宿本能等。

ㅂ

부스터 助推器 booster

게임에서 게임 캐릭터가 조종하는 탈것 등의 기능을 개량하거나 성능을 극대화하여 빨리 가게 하거나 힘을 강하게 해주는 것을 의미한다.

在游戏中, 游戏角色调整的汽车、飞机等功能进行改良或将性能最大化, 使其快速前进或增强力量。

불신에 대한 자발적 중지 自愿终止怀疑 willing suspension of disbelief

불신에 대한 자발적 유예라고도 부른다. 영국의 시인이자 작가인 새뮤얼 테일러 콜리지(Samuel Tayler Coleridge)가 만들어낸 말로, 사람들이 소설이 허구인 줄 알면서도 말 그대로 비판적 능력을 정지시키고 신비롭고 초현실주의적인 것을 믿으려는 마음. 즉, 사람들이 허구를 만끽하려는 즐거움을 위해서 사실주의와 비판을 희생하려는 의지라고 할 수 있다.

这又被称为对不信任的自发性缓期。这是英国诗人兼作家萨姆Samuel Tayler Coleridge创造的话, 意思是人们明知小说是虚构的, 却要停止批判能力，相信神秘和超现实主义。可以说，人们是为了享受虚构的乐趣而牺牲现实主义和批判的意志。

불안, 초조 不安、焦灼 anxiety

불안, 초조, 걱정거리를 의미하며 '심심하고 지루하다'의 반대 의미로 사용된다.

意味不安，焦灼，担心等。它以相反的无聊感使用。

ㅂ

불확실성 不确定性 uncertainty

게임 플레이 과정에서 플레이어는 보다 좋은 결과나 상대보다 높은 점수를 얻기 위해서 즉, 목적을 달성하거나 목적의 가치를 최대로 하기 위해 의사결정을 한다. 대부분 기대되는 결과를 얻을 수 있지만, 어떤 경우는 상호작용과 복잡한 메커니즘에 의해 그 결과가 불확실하다. 그렉 코스티키얀(Greg Costikyan)은 불확실성을 게임의 특징 중의 하나로 보기도 한다.

游戏玩家在游戏玩家的过程中,为了得到更好的结果或比对手更高的分数,或者为了达到目的或最大限度地提升目标的价值而做决定。虽然大部分会得到期待的结果,但有些情况是相互作用和复杂的机制使得其结果不确定。"Greg Costikyan"将不确定性视为游戏的特点之一。

브라우저 게임(웹게임) 网页游戏 browserbased game

브라우저 게임, 웹게임으로도 불리며, 별도의 클라이언트 프로그램의 설치 없이 인터넷만 연결되어 있으면 웹 브라우저로 즐길 수 있는 게임이다. 경우에 따라 별도의 플러그인을 설치하는 경우도 있다. 게임의 구조도 일반적인 PC 게임에 비해 간단해서 컴퓨터 사양의 제약을 크게 받지 않는다.

又称web游戏，无端网游，简称页游。是基于web浏览器的网络在线多人互动游戏，无需下载客户端，不存在机器配置不够的问题，最重要的是关闭或者切换极其方便，尤其适合上班族。游戏的结构也比一般的电脑游戏简单，因此不会受到电脑配置的制约。

브레인 라이팅 书面头脑风暴法 brain writing

ㅂ

구성원이 많은 조직에서 많이 활용되는 아이디어 창출기법으로, 브레인스토밍과 유사하지만 그와 비교하여 발언에 소극적인 사람의 참여를 유도할 수 있고, 지배적 개인의 영향력을 줄일 수 있는 장점이 있다. 구체적인 진행 방법은 다음과 같다. 책상을 원형이나 사각형으로 배치한 다음, 진행자가 멤버에게 주제에 대해 설명을 하고, 각 멤버에게 각각 한 장의 시트에 6~8개의 의견을 쓸 수 있는 구분란을 만든 후 배포한다. 우선 3~5분간 각 참가자는 주제에 관한 자기 나름대로의 아이디어를 쓰고, 3~5분이 지나면 자기의 시트를 옆의 참가자에게 전달하도록 한다. 각 참가자는 옆의 참가자에게서 돌아온 시트에 쓰여 있는 아이디어를 발전시킬 아이디어를 생각해 추가로 써 넣는다. 계속해서 모든 구분란이 채워질 때까지 같은 방법으로 한다.

在成员众多的组织中使用的创意技法和类似集体思考方式(brain storming)相似,但是与他相比,可以诱导消极的人参与进来,而且还可以减少支配个人的影响力。具体的进行方法如下。将桌子布置成圆形或四边形后,主持人向每个成员介绍主题,对每个成员分别写出6~8个不同意见的区分栏后分发给每个成员。首先,3至5分钟,各参加者在主题相关的创意,自己有自己的一个,3至5分钟后,自己的座椅,旁边的参加者传达。每个参赛者都会考虑在旁边的参加者中写下写有的想法的想法,然后再写进去。一直以来,都是用同样的方法来代替所有的区分栏。

브레인스토밍 个人头脑风暴法 brainstorming

어떤 문제의 해결책을 찾기 위해 여러 사람이 생각나는 대로 마구 아이디어를 쏟아내는 방법이다. 4대 원칙은 비판금지, 자유분방, 질보다는 양, 아이디어 확산이다.

为了找出解决方法,很多人都会随意想出主意。"四大原则"是指,"禁止批判"、"自由奔放"、"量比质重要"、"扩散创意"。

블리자드 엔터테인먼트 暴雪娱乐 Blizzard Entertainment

미국의 비디오 게임 개발사이다. 1991년 2월 8일 최초 설립되었고, 대표작으로는 〈워크래프트(Warcraft)〉, 〈스타크래프트(Starcraft)〉, 〈디아블로(Diablo), 〈월드오브워크래프트(World of Warcraft Online)〉, 〈하스스톤(Hearthstone)〉, 〈오버워치(Over Watch)〉 등이 있다.

是一家著名游戏制作和发行公司, 1991年成立, 代表作有魔兽争霸(Warcraft)、星际争霸(Starcraft)、暗黑破坏神(Diablo)、WOW(World of Warcraft Online)、哈斯通(Hearthstone)、守望先锋(Over Watch)等。

비대칭 정보 信息不对称 非对称信息 asymmetric information

플레이어들이 게임의 상태에 대해 서로 다른 정보를 접하는 플레이 형태를 의미하며, 이런 서로 다른 정보를 접함으로써 나타나는 추론의 재미의 원리를 이용하여 게임을 기획하기도 한다. 특히 테이블 카드 게임의 경우 이런 기법을 많이 이용한다.

玩家对游戏状态了解不同的游戏形态, 利用通过接触这些不同信息而出现的推论的趣味原理来企划游戏。特别是桌面卡片游戏, 经常使用这种方法。

비디오 게임 电子游戏 video games

사용자의 입력을 받아 정해진 게임 시스템의 규칙에 따라 처리하고, 그 과정이나 결과를 출력하는 컴퓨터 프로그램을 이용한 게임이다. 원래는 TV에 연결하는 게임만을 국한해서 불렀지만, 현재의 비디오 게임은 컴퓨터를 이용한 게임 전체를 의미한다.

游戏采用的是下载使用者的输入,根据游戏系统规则进行处理,并打印过程或结果的电脑程序。本来只是连接电视的游戏,但现在的电子游戏是指利用电脑的整个游戏。

ㅂ

비밀번호 密码 password

컴퓨터 시스템 등에서 보안을 위해 미리 약정하여 쓰는 개인 고유의 아이디를 통해 접속을 시도할 경우, 자신이 정해놓은 비밀 숫자 또는 문자들의 조합.

在计算机系统等方面, 通过事先约定的个人固有的ID接入, 试图通过自己所定的秘密数字或文字的组合。

비선형 非线形非线性的 non-linear

영화나 애니메이션 같이 이야기의 전개가 시간적 흐름에 의한 것을 선형적이라고 하고, 게임과 같이 정보의 구조를 비선형으로 이동하여 접근할 수 있는 미디어를 비선형 미디어라고 한다. 비선형 미디어의 대표적 사례는 게임이다.

像电影和动画片一样,故事情节的展开取决于时间的流逝被称为线性的, 将像游戏一样的信息的构造以非线性的的方式移动, 被称为能够接近媒体的非线性媒体。非线性媒体的代表性事例就是游戏。

비주얼 노벨 视觉小说 visual novel

게임 진행을 묘사하는 데 있어서 소설처럼 시나리오의 비중이 매우 높은 작품들을 총칭하는 장르로 텍스트에 그림과 음악을 곁들이고, 사용자가 이야기에 직접 관여할 수 있다는 점에서 게임의 한 장르로 인정된다. 이 장르명은 일본의 게임 개발사 "리프"(Leaf)사가 자사의 게임을 "비주얼 노벨"이라고 지칭한 데서 시작되었다. 한국에서는 미소녀 연애 시뮬레이션 게임의 대명사로 인식되고 있기도 한다.

在游戏的进行过程中,像小说一样,剧本的比重非常高的作品总和在一起,在文本上添加了图画和音乐,使用者可以直接参与故事,因此被认定为游戏的一种类型。该类型名称起源于日本的游戏开发公司"Leaf"将自己的游戏称为"visual novel"。在韩国,美少女娱乐游戏还被认为是代名词。

ㅂ

빌링 游戏结算计费系统 billing

게임에서는 전자 결제를 위한 시스템을 통틀어 빌링이라고 부른다.

在游戏中把电子结算系统统称为游戏结算计费系统。

人

사교가 유형 社交家(类型) Socializers

리처드 바틀(Richard Bartle)의 MMORPG의 플레이어 유형 분류 중 하나로 사교가형은 다른 사람과의 관계에서 흥미를 느낀다. 그들은 주로 친목의 즐거움을 추구한다.

作为Richard Bartle的MMORPG玩家类型分类之一,事故类型在与他人的关系中产生了兴趣。他们主要追求和睦。

사냥 打猎 hunting

ㅅ

총이나 활 등의 도구를 가지고 새 또는 짐승 따위를 포획하는 일이다. 수렵(狩獵)이라고도 한다. 고대의 인류에게는 식욕을 해소하는 필수적인 행동이었지만, 점차 시대가 지나면서 생존 행동보다는 오락이나 스포츠로 그 목적이 바뀌게 되었다. 많은 MMORPG에서는 인류의 오래된 생존 행동인 사냥과 채집을 기본 행동으로 채택하고 있다.

使用枪或者火这样的道具,来破坏鸟类或者野兽的行为被称为狩猎。对于古代人类来说食肉是生存的必须行为,但是随着时代的变化,和生存相比,狩猎渐渐地成为了以娱乐和运动为目的的一种行为了。在很多MMORPG游戏中,人类原有的狩猎和采集这样的生存行动,会采用为基本行动。

사례 연구 事例研究 case study

이론연구는 일반화에 초점을 맞추는 반면, 아직 성숙되지 않은 학문 분야에서의 연구 방법으로 구체적인 현상이나 사회적 단위, 즉 사례(들)에 대해 상세하고 심층적인 자료수집을 하고 이를 집중적으로 탐구하는 것을 의미한다. 연구자는 분석된 자료를 가지고 사례가 존재하는 맥락 내에서 심층적으로 기술하고 해석하고 이론을 생성한다.

论研究是指对一般化进行焦点，相反，以目前尚未成熟的学术领域的研究方法，对具体现象、社会单位、即事例进行详细、收集深层的资料，并进行集中探究都是。研究者拥有分析的资料，在事例存在的脉络内深层的技术和解释，形成理论。

사업 모델, 수익 모델 营销模式, 商业模式 business model

비즈니스 모델은 어떤 제품이나 서비스를 어떻게 소비자에게 편리하게 제공하고, 어떻게 마케팅하며, 어떻게 돈을 벌겠다는 아이디어나 사업계획을 의미한다.

商业模型是关于如何方便地向消费者提供产品或服务，如何营销以及如何赚钱的想法或商业计划。

사용자 인터페이스 用户界面 userinterface

사람과 시스템, 특히 컴퓨터 프로그램 등과의 사이에서 의사소통을 할 수 있도록 일시적 또는 영구적인 접근을 목적으로 만들어진 물리적, 가상적 매개체를 의미한다. 사용자 인터페이스는 사람과 컴퓨터와의 상호작용 시스템으로 물리적인 것과 소프트웨어 요소를 모두 포함한다. 입력 시 사용자가 시스템을 보다 쉽게 조작할 수 있도록 도와주며, 출력 시 사용자가 한 행위에 대한 결과를 표시한다. 게임에서는 사용자 인터페이스 등을 통해 게임을 통제한다.

意为人和系统，特别是和电脑程序之间能够沟通的，以暂时或永久为目的而制作的物理的，虚拟现实的媒介。用户界面是人与电脑相互作用的系统，包括物理和软件要素。输入时帮助用户更容易操控系统，输出时将用户的行为结果显示出来。在游戏中，通过用户界面来操控游戏。

사운드 디자이너 音效设计师 sound designer

사운드 크리에이터, 작곡가라고 불리기도 한다. 주로 게임에 사용되는 배경 음악의 작곡과 편곡, 그리고 게임에서 사용되는 음향효과의 제작과 편집 등을 담당한다.

也被称作声音创作者,作曲家。主要负责游戏使用的背景音乐的作曲和编曲,以及游戏中使用的音响效果的制作和编辑等。

사이드 뷰 侧视 side view

ㅅ

다른 말로 횡 스크롤 게임이라고 부른다. 보다 넓은 화면에서의 게임 플레이를 위해 또는 보다 생동감 있는 플레이를 위해 보통 화면이 위아래로 이동하는 게임을 종 스크롤, 좌우로 이동하는 게임을 횡 스크롤 게임이라고 부른다. 게임 플레이 화면을 측면에서 보는 것같이 제공한다.

另一种说法是"横滚动游戏"。为了在更宽阔的屏幕上展现游戏效果,或者为了更加生动的表现画面而将画面向上移动的纵向滚动,一般把从左向右移动的游戏称为横滚动游戏。提供游戏画面的侧面观看。

사회적 상호작용 社会的相互影响 social interaction

일상 생활 속에서 '사람이 다른 사람들에 대해 행동하고 반응하는 과정'이다. 언어가 가장 기초적인 소통의 도구이다. 최근에는 인터넷을 통한 메신저, 온라인 게임, SNS 등을 통해서도 사회적 상호작용을 하고 있다.

就是在日常生活中,"人对别人的行动和反应的过程"。语言是最基本的沟通工具。最近,通过网络聊天工具,网络游戏,SNS等也起到了社会相互作用。

(주인공의) 상대역 (主人公的) 敌对方 antagonista

주로 문학에서 사용되며 주인공에 대한 상대자, 적대자를 의미한다. 시나리오에서의 적대자, 반대자, 원수, 경쟁자의 의미로 사용된다.

主要是用于文学中的, 意味主人公的敌对者。常用于故事情节中的敌对者, 反对者, 仇人, 竞争者。

상점 商店 shop

게임에서는 게임 플레이에 필요한 아이템을 사고파는 상점을 의미한다. 게임 안에서 바로 결제를 통해서 살 수 있는 기능과 게임 밖에 나가서 결제하고 살 수 있는 상점이 있다. 모바일 게임에서는 앱 안에서 결제가 되는 것을 In App 결제라고도 한다.

在游戏中,指的是购买游戏游戏所需的物品并出售的商店。在游戏中,有直接通过结算购买的功能和在游戏外可以结算和购买的商店。在手机游戏中,在应用程序内进行结算的软件也被称为"In App结算"。

ㅅ

샌드박스 沙盒 sandbox

샌드박스는 게임 안에서 유저의 마음대로 무엇이든 할 수 있는 시스템, 혹은 플레이 방식을 뜻한다.

沙箱是指在游戏中随意使用的系统, 或者播放方式。

서버 服务器 server

일반적으로 서버 프로그램이 실행되고 있는 컴퓨터 하드웨어를 서버라고 부르며, 게이머가 사용하고 있는 컴퓨터 하드웨어를 클라이언트 컴퓨터라고 부른다. 대부분의 온라인 게임은 서버-클라이언트 방식으로 프로그램되어 서비스 된다.

一般来说,服务器程序运行的电脑硬件叫服务器,玩家使用的电脑硬件叫客户电脑。大部分的网络游戏都是以服务器-客户端方式进行游戏的。

서사 叙述、故事 narrative

실화나 허구의 사건들을 묘사하고 표현하는 구조적 형식으로, 내러티브는 '말하다'라는 라틴어에서 유래했다.

描述真实故事和虚构事件的构造形式的"叙事(narrative)"来源于拉丁语。

ㅅ

선전 宣传 propaganda

정치, 종교 지도자들에 의한 선전. 정보를 통해 대중의 마음을 사로잡고 그 감정과 행동을 일정한 방향으로 움직이게 하고자 하는 조직적인 시도.

对政治、宗教领导人的宣传。这是通过信息抓住大众的心, 使其感情和行动进行一定的方向行动的组织性尝试。

설명 说明 description

어떤 대상이나 사물, 현상 따위를 언어로 서술하거나 그림을 그려서 표현하는 것. 게임에서는 게임 개발자들이 잘 이해할 수 있도록 캐릭터의 속성이나 게임의 기능 등을 언어나 그림을 이용하여 잘 묘사해야 한다.

使用语言或者图片的形式来叙述某种对象或者事物。在游戏中游戏的开发者为了别人更好的得理解游戏内容, 使用语言或者图片来描述角色的属性或者游戏的机能等。

성공 成功 success

목적하는 바를 이룸. 게임에서는 주어진 과제를 완수했을 때 사용된다. 다른 표현으로는 클리어(clear)가 있다. 게임에서는 보통 한 번에 성공할 수 있도록 만들지 않고, 수차례의 시행착오(try and error)를 통해 성공에 이르도록 설계된다.

游戏完成任务时使用。另一种说法是"clear"。在游戏中,通常不设计成一次就能成功,而是通过多次失误(try and error)取得成功。

성별 性别 gender

생물학적 성(sex)에 비교하여 사회적으로 정의된 성을 의미하며, 게임 분야에서는 종종 같은 의미로 사용된다.

与生物学的性相比, 在这里是指社会上定义的性。在游戏领域中常常用到。

성취가 유형 成就者(类型) Achievers

리처드 바틀(Richard Bartle)의 MMORPG의 플레이어 유형 분류 중 하나로 성취가형은 게임의 목표를 달성하고 싶어 한다. 그들의 주된 즐거움은 도전에 성공하는 것이다.

英国埃塞克斯大学(University of Essex)电脑游戏设计专业的荣誉教授理查德·巴蒂尔(Richard Bartle)研究的MMORPG玩家类型分类的一种, 想要达成游戏目标, 挑战成功之后获得的愉悦感。

세가(일본의 게임 회사) 世嘉公司 SEGA

주식회사 세가게임즈는 일본 도쿄에 위치한 비디오 게임 개발사이자 배급사이다. 본래 서비스 게임(Service Game)을 줄여서 세가라는 이름이 되었다. 1970년대부터 아케이드 게임을 개발하여 크게 성공했으며, 이후 콘솔 게임기 세가 새턴, 드림캐스트 등을 제작, 유통하였다. 대표적 게임으로 소닉, 버추어 파이터, 사쿠라 대전, 쉔무 등이 있다.

世嘉公司是位于日本东京的游戏既是开发公司又是发行公司。本来是Service Game的缩写, 70年代起, 开发了街机游戏, 大为成功, 此后, 开发出了电视游戏机Sega Saturn, Dream Quest。具有代表性的游戏, Sonic, Virtua Fighter, 樱花大战, Shenmu 等。

ㅅ

세이브 포인트 储存点 save point

게임을 저장하는 지점. 특정 게임(주로 콘솔)에서는 게임 공간의 특정 지점에서만 저장할 수 있는 기능을 제공한다. 자신의 플레이 실적을 저장해두면 다음에 저장한 그곳부터 게임 플레이를 이어서 시작할 수 있다.

保存游戏的地点。特定的游戏(主要的控制台)提供了只在游戏空间的特定地点上保存的功能。如果把自己的比赛业绩储存起来, 从下一个保存的地方开始, 就可以接着玩游戏。

소통 沟通 communication

가지고 있는 생각이나 뜻이 오해 없이 서로 통함.

为了让所拥有的想法没有误会而相互沟通。

속성 属性 attribute

일반적으로 사물의 성질, 혹은 특징을 일컫는 말로 게임에서의 캐릭터의 속성은 캐릭터의 성별, 나이, 신체적 특징, 능력 등을 모두 포함한다.

在一般情况下指事物的性质或特征, 游戏中的角色的属性, 角色的性别, 年纪, 身体特征, 能力等全部都包括。

수요 需求 needs

어떤 재화나 서비스를 일정한 가격으로 사려고 하는 욕구 또는 수량을 의미한다.

是指想要以一定的价格购买某种货物或者服务的需求和数量。

ㅅ

수집, 채집 收集 collection

수집, 소장품의 뜻이 있다. 게임이 주는 다양한 재미 요소 중의 하나로 수집이 있다. 게임 속의 퍼즐을 풀고 게임 속의 아이템을 수집하거나 랜덤으로 떨어지는 아이템을 주워서 수집하는 것도 주요한 재미 요소 중 하나이다. 진화생물학적 입장에서 보면 인간은 원래 사냥과 채집을 수백만 년 동안 해왔기 때문에 게임 속에서도 이런 활동은 매우 자연스럽게 느낄 수 있다고 한다.

有收集和收藏品的意思。收集便是游戏中所具有的多样的趣味要素中一个趣要素。解决游戏中的问题, 收集游戏中的道具或者收集随机掉落的游戏道具, 都是主要趣味要素中的一个要素。从进化生物学的立场来看的话, 因为人类在数百万年间都在进行打猎和收集, 所以在游戏当中也能够感觉到这种活动是非常自然的。

순위표 排行榜 leaderboard

게임에서 전체 순위를 보여주는 표.

能够看到游戏中整体的排位。

스도쿠(퍼즐게임) 数独 SUDOKU

일본의 숫자 퍼즐게임으로 가로 9칸, 세로 9칸으로 이루어져 있는 장방형의 표에 1부터 9까지 숫자를 채워 넣는 퍼즐이다. 숫자를 한 번만 쓸 수 있다라는 의미에서 '수독(數獨)'의 일본어 발음에서 유래했다.

日本的数字拼图游戏是长宽9格,宽9格的长方形的表格,上面从1到9加满数字的拼图。意思是说,只要写一次数字,就源于"数独"的日语发音。

ㅅ

스케줄, 일정표 日程表 schedule

개발 계획이나 개발 과정을 표 형식으로 정리한 문서. 보통 게임 개발 기간 동안에 해야 할 분량과 순서 등을 구체적이고 체계적으로 정리한 표이다.

开发的计划与开发的过程以表格的形式整理出来的文件。该表具体,系统地整理了一般游戏开发期间需要完成的部分和顺序。

스크롤 滚动 scroll

컴퓨터 화면에서 주어진 정보를 한 번에 볼 수 없을 경우, 스크롤 키를 이용하여 상하좌우에 있는 정보를 읽을 수 있다. 보다 넓은 화면에서의 게임 플레이를 위해 또는 보다 생동감 있는 플레이를 위해 화면이 위로 이동하는 종 스크롤, 보통 좌에서 우로 이동하는 횡 스크롤 게임이 있다. 컴퓨터 기술이 부족했을 때는 고정 스크린만 제공되었고, 그 이후 기술의 발달로 종 스크롤과 횡 스크롤이 나왔고, 최근 MMORPG 에서는 플레이어가 사용자의 의도에 따라 3D 게임 공간을 맘대로 이동하며 플레이할 수 있다.

电脑画面中的信息不能一次看到时,可利用滚动键阅读上下左右的信息。为了在更宽的屏幕上玩游戏,或者为了更加生动的表现,画面向上移动的"垂直滚动"游戏,一般从左向右移动的"横滚动游戏"。电脑技术不足时只提供固定屏幕,之后因技术发达出现了纵垂直滚动 和横滚动,最近在MMORPG中,根据使用者的意图,可以移动3D游戏空间。

스크린 屏幕 screen

영화나 영상을 상영하기 위한 백색, 은색의 막이었으나, 컴퓨터 게임은 컴퓨터 스크린(화면)을 통해 게임의 진행 과정과 결과를 텍스트 또는 영상으로 볼 수 있다.

虽然这是为上映电影和影像而设的白色银屏,但电脑游戏通过电脑屏幕可以将游戏的进行过程和结果通过文本或影像看到。

스킬(기술) 技能 skill

플레이어 캐릭터에게 할당된 점수 중의 하나로 레벨 업을 하거나 구매를 통해 다양한 스킬 포인트를 얻을 수도 있다.

作为分配给玩家角色的分数之一,通过升级或购买可以获得多种技能分数。

스테이지 关卡 stages

원래 무대의 의미이지만, 주로 액션 게임이나 슈팅 게임에서 게임 한 판을 의미하는 구성 단위이다. 보통 하나의 스테이지에는 한 개 이상의 목표가 주어지며, 이 목표를 모두 달성했을 경우 다음 스테이지로 넘어갈 수 있다. 스테이지

별로 도전과제나 임무를 완수할 경우 "미션 클리어(mission clear)", "스테이지 클리어(stage clear)"라고 표현하기도 한다.

原本是舞台的意思,但主要是在动作游戏或射击游戏中,代表一盘游戏的构成单位。一般来说,一个关卡有一个以上的目标,如果全部完成这个目标,就可以进入下一个关卡。如果按类别完成挑战课题或任务的话,还会使用"mission clear","stage clear"。

스토리텔링 故事叙述 storytelling

스토리(story) + 텔링(telling)의 합성어로서 현재진행형의 '이야기하다'라는 의미를 지닌다. 즉 상대방에게 알리고자 하는 바를 재미있고 생생한 이야기로 설득력 있게 전달하는 행위이다. 말하는 사람(화자)과 이야기를 듣고 상상력을 발휘하는 듣는 사람(청자) 간의 인터랙티브한 과정이다.

是story+telling的合成词,具有现在进行时的"故事"的意思。即,用有趣,生动的故事传达想要向对方传达的内容的行为。是说话的人(话者)和听讲后发挥想象力的人(听者)之间的互动过程。

스톡홀름 신드롬 斯德哥尔摩综合征 Stockholm Syndrome

공포심으로 인해 극한 상황을 유발한 대상에게 긍정적인 감정을 갖게 되는 현상이다. 은행강도가 은행직원을 인질로 삼은 스톡홀름(Stockholm: 스웨덴의 수도) 은행 강도 사건에서 유래했다. 범죄심리학 용어로 인질이 인질범에게 동화 혹은 동조하는 비합리적인 현상을 의미한다. 이런 사례는 '보상이 행동을 강화하고, 처벌은 소멸한다'는 스키너의 주장의 반대 사례로 인지부조화 이론은 행동주의 실험 심리학의 모든 것을 다 설명할 수 없다는 것을 보여주었다.

这是一种因恐怖心理, 对引发极度状况的对象具有积极性的现象。银行强盗将银行职员作为人质的斯德哥尔摩(Storkholm：瑞典的首都)的银行抢劫事件由来。犯罪心理学用语意味着人质被罪犯同化或同造的非合理现象。这种事例显示,"补偿是加强行动,处罚是消灭的"是"Skinner"你的主张的相反,认知不协调理论(cognitive dissonance theory)意味着行动主义实验心理学不能说明一切。

스트레스 테스트 压力测试 stress test

온라인 게임이나 모바일 게임의 서버의 수용력, 그리고 수많은 사람이 일제히 접속했을 때 게임이 원활하게 돌아가는지의 여부를 집중적으로 체크하는 베타 테스트.

集中测试在线游戏或手机游戏服务器的接收力,以及很多人同时登陆时游戏是否顺畅等的测试。

ㅅ

스트리밍(기술) 川流技术(流传媒) streaming technology

인터넷을 통해 음성이나 영상, 또는 게임 등을 실시간으로 재생하는 기법 또는 기술. 스트리밍은 전송되는 데이터를 물의 흐름처럼 끊어지지 않게 처리할 수 있는 기술을 의미한다. 최근 유튜브(Youtube)나 동영상 강의는 대부분 스트리밍 기술을 이용한다.

穿流媒体是指,通过互联网实时播放声音,影像,游戏等的技法或技术,将传送的数据处理得像流水一样不会中断的技术。最近,Youtube或视频讲座大都采用流媒体技术。

스팀 软件(平台) STEAM

밸브사에서 2003년 만든 디지털 게임을 유통하는 플랫폼. 해외 각국에서 개발된 게임이 스팀에 등록되면 이용자들은 원하는 게임은 온라인을 통해 직접 구매하고 이용할 수 있다.

在阀门上购买2003年制作的数码游戏的平台。如果在海外各国开发的游戏在STEAM上登记的话,用户们想要的游戏可以通过网络直接购买和利用。

슬롯 머신 老虎机 slot machine

동전 투입구에 동전을 넣고 도박성 게임을 하는 게임기이다. 이 게임기를 모방하여 쇠구슬을 이용하는 게임기가 일본의 파친코(pachinko)이다.

该游戏机将硬币放入硬币投币口,玩赌博游戏。模仿该游戏机,使用铁珠的游戏机就是日本的"弹珠机(pachinko)"。

ㅅ

승리 胜利 win

(게임이나 내기에서) 상대방과 겨루어서 이기는 것.

是指在游戏中赢了对方。

승리 조건 胜利条件 win condition; victory condition

(게임이나 내기에서) 반드시 달성해야 할 목표, 또는 주어진 임무를 완수하거나, 정해진 점수에 도달하는 것 모두를 승리 조건이라고 한다. 게임마다 승리 조건은 다르며, 이것은 게임의 규칙으로 게임 플레이어에게 명확하게 명시되어야 한다.

是指在游戏中一定要达成的目标或者完成所给的任务, 达到所规定的分数, 这是都是胜利条件。每个游戏的胜利条件都是不同的, 通过游戏的规则, 向游戏玩家明确指出游戏的胜利条件。

시간 제한 时限(限时) time limit

일정한 시간 안에 게임을 플레이하도록 강제하는 일. 즉 일정한 시간이 지나도록 게임을 끝내지 못하면, 도전은 실패하게 된다. 대부분의 고전 아케이드 게임은 3분 이내에 하나의 스테이지를 클리어하도록 설계되어 있다. 이것은 계속해서 돈을 넣고 게임을 이어가게 해야 하기 때문이다. 그러나 게임의 재미와 긴장감 유지를 위해 현재에도 게임 안에서의 시간 제한 기능은 존재한다.

一定的时间内,强制要求比赛日即一定的时间过去了,没做完游戏,挑战失败。大部分的古典街机设计为3分钟之内能清洁一个舞台。因为这要继续投钱延续游戏。但是,为了保持游戏的乐趣和紧张感,现在也有限制游戏时间的功能。

ㅅ

시나리오 剧本、方案 scenario

게임에서의 이야기, 세계관, 줄거리, 대사 등 주인공 캐릭터의 감정과 배경 설명 등을 포함하는 모든 이야기를 시나리오라고 볼 수 있다. 특히 어드벤처와 롤플레잉 게임 장르에서 시나리오는 중요해지며, 모든 게임이 시나리오를 갖고 있지는 않다.

游戏中的故事,世界观,情节,台词等包含主人公角色的感情和背景说明的所有故事都可以视为剧本。特别是冒险和角色扮演游戏体裁中,剧本非常重要,但是不是所有的游戏都具有剧本。

시뮬레이션(모의실험) 模拟类游戏 simulation

실제의 상황을 간단하게 축소한 모형(모델)을 통해서 실험하고 그 실험결과에 따라 행동이나 의사결정을 하는 기법을 시뮬레이션이라고 한다. 모든 게임은 가상 상황 또는 가상 사회에 대한 하나의 시뮬레이션이다.

通过简单缩小实际状况的模型(模型)进行实验,根据实验结果做出行动或决定的技法叫做模拟。所有游戏都是对虚拟状况或虚拟社会的一种模拟。

시장 조사 市场调查 market research

새로운 게임 제품이나 서비스를 개발하기 이전에 잠재 게임 플레이어들이 요구하고 필요로 하는 것을 찾기 위하여 시장의 크기나 특성, 그리고 잠재력을 조사하는 것을 의미한다.

在开发新的游戏产品或服务之前,为了寻找潜在的游戏玩家,要调查市场的大小和特性,调查市场的大小和潜在力。

ㅅ

시행착오 试错法 trial and error

문제해결의 중요한 방식 중 한 가지이다. 인간 또는 동물이 하는 방식 중의 하나로서 자신의 행동으로 인해 벌어질 결과를 미리 예측하지 못하는 상태로 여러 가지 행동을 하다가 각각의 행동이 성공하거나 실패하는 결과들을 통해 인과관계를 추론하여 학습하는 것을 의미한다. 게임 플레이의 도전과 탐험 과정 중에 게임 플레이어는 시행착오를 통해 많은 정보를 학습하게 된다.

这是解决问题的一个重要方式。作为人类或动物所采取的方式之一,在无法提前预测自身行动所带来的结果的状态下,通过各种行动成功或失败的结果,推断出因果关系来学习。在游戏游戏游戏的挑战和探险过程中,游戏玩家通过执行错误,学习了很多信息。

식별성 识别性 discernability

식별성 또는 "식별 가능한(discernable)" 것이란 게임 행동의 결과가 플레이어에게 인지가능한 방법으로 전달되는 것을 의미한다. 주로 선택에 의한 행동으로 인한 게임의 결과가 사운드, 애니메이션, 이펙트, 보상 등 다양한 방식으로 플레이어에게 전달된다.

所谓识别性或“可识别的(discernable)”游戏的结果,意味着通过玩家认知的方法传达给玩家。主要以通过选择的行动而产生的游戏结尾、声音、动画片、效果、补偿等多种方式传达给玩家。

실시간 实时 real-time

실시간, 실시간 시스템의 의미로 전략 시뮬레이션 게임의 경우 예전에는 대부분 턴제(turn based)였지만, 1999년 블리자드 엔터테인먼트에서 출시한 〈스타크래프트(Starcraft)〉 게임은 실시간 전략 시뮬레이션 게임으로 네트워크 기능을 지원하여 실시간으로 전략 게임으로 대전할 수 있게 되었고, 이를 시작으로 e스포츠 대회가 세계적으로 확대되었다.

实施实时、实时系统的战略模拟游戏的情况, 虽然以前大部分是Turn based(turn based), 但1999年的暴雪娱乐公司推出的〈Starcraft〉游戏以实时战略模拟游戏, 支持网络功能以战略游戏进行大战, 由此开始, 这电子体育大会扩大了世界。

실시간 전략 게임 实时战略游戏 Real-Time Strategy (RTS) games

실시간으로 진행되는 전략 게임 장르. 일반적으로 자원을 채취하고, 그 자원을 이용하여 건물을 짓거나 병력을 생산하고, 상대방과의 전쟁에서 승리하면 끝나는 게임이다. 실시간으로 진행되기 때문에 빠른 손놀림과 판단력이 승부에 큰 영향을 미치고, 그중에서 “스타크래프트”가 e스포츠에서 가장 인기 있는 장르로 자리 잡았다.

实时进行的战略游戏类型。因为实时进行,快速的手动作和判断力对胜负产生了很大的影响,其中“Starcraft”成为了该体育运动中最受欢迎的类型。

실패 失败 fail

일을 잘못하여 뜻한 대로 되지 아니하거나 그르침. 게임은 지속적인 도전과 실패를 통해 성공하는 과정을 거친다. 게임은 게임 플레이어들이 그럼에도 불구하고 지속적으로 도전하게 만드는 매력이 있다.

做错了事情，没有按照原有的意思去做或者是搞砸了。游戏是经过持续的挑战和失败而成功的过程。

싱글 플레이 单人游戏 single play

게임 플레이어 혼자서 컴퓨터에 짜여진 프로그램에 따라 컴퓨터를 상대로 하여 게임을 하는 것. 반대적 의미로 온라인 게임은 여러 명이 동시에 게임에 참여할 수 있는데, 이것을 멀티 플레이 게임이라고 한다.

根据游戏玩家一个人根据电脑的节目，以电脑为对象进行游戏。由于反对的意义，网上游戏有很多人同时参加游戏。这叫做多人游戏。

써드 파티(개발사) 第三方 third party (developer)

일반적으로 하드웨어 생산자와 소프트웨어의 관계를 나타내는 용어이다. 하드웨어 생산자는 퍼스트 파티(first party)로, 하드웨어 생산자인 모기업과 자사 간의 관계에서의 소프트웨어 개발자라면 보통 세컨드 파티(second party)라고 부르며, 하드웨어 생산자와 직접적인 관계가 없고, 종속적이지 않은 소프트웨어를 개발하는 회사를 서드 파티라고 부른다. 한국, 일본의 개발사들은 주로 써드 파티 개발사와 계약을 맺고 개발하여 공급한다.

一般来说，这是表现硬件生产者与软件的关系的用语。硬件生产者叫"first party"，硬件生产者是母公司和公司之间的关系中的软件开发者，一般叫"Second Party"，与硬件生产者没有直接关系。韩国和日本的游戏开发公司主要与"third party"开发公司签订合同，开发供应。

ㅇ

아바타 化身(虛拟化身) avatar

"나의 분신"이라고 불리며 게임에서의 자신의 캐릭터를 이르는 말로 주로 MMORPG에서 자신이 만든 캐릭터를 의미한다.

被称为"我的分身", 是游戏中自己的角色, 主要是指在MMORPG中自己创造的角色。

아이디어 想法 idea

특정 상황에서 만들거나 해야 할 일에 대한 발상, 방안, 계획 등을 의미한다.

意为在特定的情况中, 对于所要做的事情的构想、方案、计划等。

ㅇ

아이템 道具 items

게임에서 플레이어가 습득하여 사용할 수 있는 모든 물건(장비와 소모품)을 의미하며, 무기류, 방어구류, 장신구류, 물약 등 다양한 아이템 종류가 있다.

以为在游戏中玩家得到并使用的所有的物品(装备、消耗品)。有武器类、防御类、饰品类、药品等多样的种类。

아이템 현금 거래 道具现金交易 item cash transaction

아이템의 현금 거래는 게임에서 획득한 아이템을 현실 세계의 실제 화폐와 거래를 의미하는 것.

道具现金交易是指在使用现实世界的现金来进行交易以取得游戏中的道具。

아이토이(일본의 게임기) 日本的游戏机 Eyetoy

2003년 일본 소니 플레이스테이션 2에서 발매한 2인용 게임 컨트롤러로 USB 카메라를 이용하여 상호상용을 기반으로 하는 초기 형태의 체감형 게임기이다.

2003年在日本Sony的PlayStation 2发行的2人游戏, 是以利用USB摄像机相互作用为基础的初期形态体验型游戏。

아케이드 게임 街机游戏、大型电玩 arcade games

전문 오락실에 설치된 게임기를 의미하며, 하드웨어와 게임 소프트웨어가 일체화된 게임을 말한다. 원래는 '거리의 게임기'를 의미하였으며, 인베이더, 갤러그, 테트리스 등을 거쳐 일반화되었다.

指在专门的游戏厅设置的游戏机, 是指将硬件和游戏软件一体化的游戏。是指原来的"街机游戏", 经过Space Invader, Galaga, Tetris 等其广泛传播。

아타리(미국 게임회사) 雅达利 Atari

1972년에 놀런 부슈널이 창업한 세계 최초의 비디오 게임 회사로, 퐁(Pong)을 만드는 것을 시작으로 아케이드 게임과 가정용 게임기를 중심으로 개발하여 큰 성공을 거두었으나, 질 낮은 게임의 대량생산으로 인해 아타리 쇼크를 겪으면서 몰락했다. 명칭의 유래는 일본의 바둑 용어인 단수(あたり, 아타리)에서 따온 것으로 알려졌다.

1972年,该公司成立了世界最早的视频游戏公司,创造了世界最初的视频游戏,以游戏游戏和家用游戏机为中心开发了大获成功,但因为游戏的大量生产,最终导致了混乱。据悉,名称来源于日本围棋术语的單手(日语 : あたり) 形式。

안드로이드 安卓 android

휴대폰용 운영체제·미들웨어·응용프로그램을 한데 묶은 소프트웨어 플랫폼으로 세계적 검색업체인 구글이 안드로이드사를 인수하여 개발하여 지금은 애플의 iOS와 모바일 플랫폼의 주류가 되었다.

是一种基于Linux的自由及开放源代码的操作系统, 主要使用于移动设备, 如智能手机和平板电脑, 现在Google公司的安卓 和苹果公司的iOS成为了移动平台的主流。

알고리즘 算法、计算 algorithm

주로 컴퓨터 용어로 사용되며, 주어진 문제를 논리적으로 해결하기 위해 필요한 절차, 방법, 명령어들을 모아놓은 것이다.

主要是作为电脑用语来使用。为了按照逻辑来解决问题, 将所需要的程序, 方法, 命令语等结合在一起。

알파 테스트 α测试 alpha test

알파 테스트는 회사 내의 사용자가 시뮬레이션 된 실제 조작 환경에서 수행하는 테스트이다. 알파 테스트의 목적은 소프트웨어 제품의 FLURPS(즉, 기능성, 지역성, 이용성, 안정성, 성능 및 지원성)를 평가하는 것이다.

α测试是公司内部的用户在模拟实际操作环境下进行的测试。α测试的目的是评价软件产品的FLURPS(即功能、局域化、可用性、可靠性、性能和支持)。

암묵적 규칙 潜规则 implicit rules

게임의 규칙 중에서 게임을 플레이할 때 누구나 명시적으로 알아야 하는 형식적 규칙 이외에 사용자 설명서에 "적혀 있지 않은 규칙"을 의미한다. 에티켓이나 행동에 관한 규칙이다. 가령, 어린아이와 장기를 둘 때 한 수를 물려 준다든가 하는 규칙 등을 의미한다.

在游戏规则中,游戏玩家除了谁都要明确知道的形式性规则外,在使用者说明书中还意味着"没有记载的规则"。礼仪和行动相关规则。例如,与孩子一起玩围棋时,把孩子的失误让给孩子一次等。

애니메이션(동작) 动作(动画) animation

게임에 등장하는 캐릭터나 사물들의 동작. 즉 '움직임' 그 자체를 의미한다. 걷거나 달리기, 점프, 무기 휘두르기와 같이 게임에서 필수적으로 사용되는 동작을 말한다.

游戏中出现的角色或物体的动作。换句话说, 它本身就是"动作"。这些是游戏中必不可少的动作, 例如步行, 跑步, 跳跃和进攻。

애플 苹果 Apple

컴퓨터 소프트웨어와 개인용 컴퓨터를 생산하는 미국 기업으로 스마트폰의 한 브랜드인 아이폰 개발사로도 유명하며, 독자적인 운영시스템인 iOS를 사용한다.

作为生产电脑软件和个人电脑的美国公司, 智能手机品牌iPhone的开发公司也是非常有名的, 使用独立的运营系统iOS。

액션 게임 动作类游戏 action game

액션 게임은 게임 장르 중 하나로 플레이어의 빠른 반응속도와 손과 눈의 협응능력이 강조된다. 액션 게임의 줄거리는 비교적 간단하며, 조작 기술이 익숙해지면 게임을 진행할 수 있다.

动作游戏是游戏类型之一, 并且强调了玩家的快速反应速度和协调手眼的能力。动作游戏的剧情一般比较简单, 主要是通过熟悉操作技巧就可以进行游戏。

어드벤처 게임(모험 게임) 冒险类游戏 adventure game

어드벤처 게임은 일반적으로 게이머가 캐릭터를 제어하고 가상 모험을 하는 게임으로, 어떤 임무를 수행하거나 수수께끼를 푸는 형식으로 스토리가 전개된다. 주로 1인칭 시점으로 진행되며, 3인칭 시점을 제공하는 게임도 있다. 〈미스트(Myst)〉, 〈원숭이 섬의 비밀(Monkey Island)〉 시리즈, 〈페르시아의 왕자〉, 〈툼 레이더〉 등이 대표적인 게임이다.

冒险类游戏通常是玩家控制角色进行虚拟冒险的游戏, 其故事情节往往是以完成某个任务或是解开一个谜题的形式出现的。主要以第一人称时点进行, 还有提供第三人称时点的游戏。〈Myst〉、〈Monkey Island〉、〈Persian Prince〉, 〈Tomb Raider〉等都是代表性的游戏。

어셋 资产(素材) asset

사업 거래 또는 각종 사안에 의해 형성되고 회사가 소유하거나 통제하며 회사에 경제적 이익을 가져다줄 것으로 기대되는 자원을 말한다. 게임에서는 캐릭터, 배경, 시각효과, 애니메이션, 몬스터 등의 미술 자산을 의미한다.

是指由企业过去经营交易或各项事项形成的, 由企业拥有或控制的, 预期会给企业带来经济利益的资源。在游戏中, 它主要是指艺术资产, 例

| 如人物, 背景, 视觉效果, 动画和怪物。

어셋 스토어 资源商店(素材商店) asset store

게임에서는 그래픽 아트의 자산을 의미한다. 즉 캐릭터, 배경, 시각효과, 애니메이션, 몬스터 등의 미술 자산을 의미한다. 특히 유니티 게임 엔진에 대중화되면서 유니티 어셋 스토어가 활성화되었다.

| 是指游戏中的美术资产, 及指角色, 背景, 视觉效果, 动画, 怪兽等美术资源。尤其随着unity引擎的普及, unity asset store更加活性化了。

어포던스, 행동유도성 功能可供性 affordance

어떤 행동을 유도한다는 뜻으로 행동유도성이라고도 한다.

| 诱导某种行动的意思是行动诱导性或功能加工性。

얼굴 표정 面部表情 facial expression

얼굴로 표현할 수 있는 표정을 의미한다. 표정추적기술(facial expression tracking)로 얼굴 표정을 인식하기 위해 눈, 코, 입 등 얼굴의 주요한 특징점을 센싱하여 그 위치 변화를 추적하는 기술로 게임, 가상현실 분야에서 활용한다.

| 是指通过面部来表现出的感情。表情追踪技术(facial expression tracking)是为了识别脸部表情, 通过感知眼睛、鼻子、嘴等脸部主要特征, 追踪其位置变化的技术。该技术主要用于游戏、虚拟现实、电影等领域。

업그레이드 提升、提高(升级) upgrade

하드웨어나 소프트웨어의 성능을 기존 제품보다 뛰어난 새것으로 바꾸는 작업. 하드웨어의 경우는 중앙처리장치(CPU)를 새로운 것으로 교체하거나 주기억 장치의 메모리를 증설하고 하드디스크의 크기를 늘리는 등 새로운 기종에 가까운 성능을 갖추는 것을 뜻하며, 소프트웨어의 경우는 향상된 기능을 가진 새 버전으로 교체하는 것을 가리킨다.

将硬件或软件的性能比现有产品换成新的工作。硬件的情况是将中央处理器(CPU)换成新的或增加周期性设备的内存, 增加硬盘的大小等, 对新的机种具有近距离的意思, 软件的情况是提高的功能指换换到拥有的新版本。

업데이트 更新 update

소프트웨어가 오래되어 현재 실정에 맞지 않거나 오류가 있을 경우, 특정 환경에 맞도록 변경, 추가, 삭제하는 작업을 통해 마스터 파일의 내용을 고쳐 쓰는 것을 의미한다.

如果软件版本太旧而无法满足当前情况, 或者出现错误, 则可以通过更改, 添加或删除主文件以适合特定环境来重写主文件的内容。

에듀테인먼트 教育性娱乐 edutainment

에듀케이션(education, 교육)과 엔터테인먼트(entertainment, 오락)의 합성어로 게임을 하듯 즐기면서 학습할 수 있도록 하는 교육용 게임을 의미한다.

教育与娱乐的合成词, 是指在享受游戏的同时还能够学到知识的教育性游戏。

에뮬레이터 模拟(仿真程序) emulator

하드웨어나 소프트웨어의 기능을 다른 종류의 하드웨어나 소프트웨어로 모방하여 실현시키기 위한 장치나 프로그램. 현재 게임 산업에서는 존재하지 않는 아케이드 게임이나 콘솔 게임을 PC에서 실행하기 위한 프로그램을 의미한다.

为了实现装置或者程序使用其他种类的硬件或者软件来模仿硬件或者软件的功能。在游戏产业是指，在为了在电脑上运行现在市面上不存在的街机游戏和主机游戏的程序。

에티켓 礼节、礼仪 etiquette

시대 또는 전통적인 규범에 따른 특정한 사회집단의 사회적 행동에 대한 기대를 가리킨다. 흔히 의식, 외교적 의전과 관련되며 공식적인 형식에 대한 관습적인 행동을 가리킨다.

根据时代与传统的规范，指对特定的社会集团的社会行为的期待。通常与仪式、外交礼仪相关，指例行公事的行为。

엑스박스 키넥트 一款家用电视游戏机 Xbox Kinect

마이크로소프트가 2001년 개발하여 출시한 가정용 게임기이고, 키넥트는 별도의 컨트롤러 없이 이용자의 신체를 이용하여 게임과 엔터테인먼트를 경험할 수 있는 엑스박스 360과 연결해서 사용하는 주변기기이다. 두 개의 카메라를 이용하여 몸 동작을 감지하게 하여 게임을 조종하는 체감형 게임기이다.

"Kinect"是微软公司2001年开发推出的家用游戏机，是无需另行使用控制器就能利用使用者的身体体验游戏和娱乐的"Xbox 360"连接后使用的周边机器。利用两个摄像头感知身体动作，从而操纵游戏的体感型游戏机。

역동적인 动态的、动力的 dynamic

(서로 관계되는 세력·영향력 사이의) 역학을 의미하고 상호 간의 힘의 관계의 균형 때문에 역동적으로 변화한다. 즉, 예상하지 못한 사건들이 지속적으로 일어나는 게임의 특징을 표현한다.

意为相互关联的势力与影响力之间的关系, 由于相互的力量的关系的均衡而。活跃的变化。及, 表现为没能预料的事情持续的发生的游戏特征。

영화제작(촬영) 电影制作方法(电影艺术, 摄影) cinematography

영화 제작에 있어 시네마토그래피는 피사체를 촬영해 영화 이미지를 만드는 것이다. 카메라, 렌즈, 필름, 조명 등과 카메라 앵글, 거리, 이동과 같은 기술적인 면과 관련이 있다.

在电影制作方面, 电影摄影放映机是拍摄完拍摄对象后, 塑造的电影形象。相机, 镜头, 胶片等和相机的焦距, 距离, 移动等方面的技术有着紧密的联系。

예산 预算 bugdet

일정 기간의 경비 및 수입의 예정적 계획이다.

预算是指在一定时期内, 国家经费及收入的预定计划。

예술가 艺术家 artist

예술작품을 창작하거나 표현하는 것을 직업으로 하는 사람으로, 특히 사회적으로도 인정받은 사람을 가리킨다.

是指从事创作艺术表现作品的人，特别是指在社会上得到认可的人们。

오락 娱乐 entrainment

오락보다 넓은 개념으로 즐거움까지 포괄하며, 엔터테인먼트 산업은 즐거운 기분 전환의 상태를 자극하거나 촉진 또는 만들어내는 모든 산업을 의미하는 것으로 방송, 미디어, 게임, 영화, 만화, 연예 산업 등을 모두 망라한다.

和娱乐相比，具有更大的概念。娱乐产业能够刺激和推进愉快的心情转化的状态。现有的娱乐产业包括广播、媒体、游戏、电影、漫画和演艺产业等。

오프라인 未联机的离线 offline

온라인의 반대 의미로, 혼자서 컴퓨터와 하는 게임을 의미.

与线上的意思相反的，一个人玩电脑游戏的意义。

오픈 소스 소프트웨어 开放源代码软件开源软件 open source software

저작권자가 누구이든지 어떤 목적으로 사용하든지에 상관없이 학습, 수정, 배포할 수 있는 권한을 가진 소스 코드의 소프트웨어를 의미한다. 일종의 개방형 소프트웨어로 사용권이 독점적인 상용 소프트웨어에 반대하여 사람들이 누구나 배울 수 있고, 만들 수 있고, 배포할 수 있도록 만들어서 무료로 배포하여 정보통신 분야에 혁신을 가져왔다.

不管是谁，不管是什么目的都可以使用学习、修正、分发权限的软件。采用一种开放式软件，以一种开放式软件为筹码，反对垄断商业软件，让人们可以随时随地学习、制作、发放免费软件，并在信息通讯领域进行革新。

온라인 게임 在线游戏 online game

컴퓨터 통신을 이용하여 여러 사람이 플레이할 수 있는 컴퓨터 게임을 통칭.

利用电脑通信与很多人一起玩的电脑游戏总称。

외주 外包(业务外包) outsourcing

회사에서 자체 인력, 설비나 부품 등을 이용하여 만들던 것을 비용 절감과 효율성 증대를 목적으로회사의 외부에 용역을 주거나 외부 부품으로 대체하는 것.

公司利用自身的人力、设备、零件等制造的费用,以节省成本和提高效率为目的,向公司外部劳务或外部配件代替。

ㅇ

요소 要素 element

사물의 구성 또는 성립이나 효력 발생 따위에 꼭 필요한 성분. 또는 근본 조건으로, 그 이상 더 간단하게 나눌 수 없는 최소 단위의 성분을 의미한다.

是指事物的构成或者成立。产生效力之类的必须的成份。指不能在简单的分开最小单位的成分。

우월전략 占优策略优势策略 dominant strategy

게임이론에서, 상대방이 어떠한 전략을 선택하는지와 관계없이 자신의 보수를 더욱 크게 만드는 전략을 말한다. 우월전략 균형은 내쉬 균형이며, 게임에서 유일한 균형이 된다. 모든 게임에서 우월전략이 존재하는 것은 아니다.

在游戏理论中, 不管对方制定什么战略, 都会制定让自己得到更多报酬的战略。优越战略均衡是Nash均衡, 是游戏中唯一的均衡。所有游戏优越战略不存在。

운 机会, 运气 alea (chance)

놀이의 분류 체계 중 하나로 아곤(경쟁, Agon)이 플레이어의 의지나 능력에 의하여 행해지는 것임에 비하여, 알레아는 의지나 능력의 포기이며, 아무런 노력도 하지 않고 행운을 얻고자 하는 것이다. 알레아는 일반적으로 '우연'이라든가 '운'이라고 번역된다. 주사위, 제비뽑기, 경마 등이 이것에 대한 의존도가 높다.

在游戏的分类体系中, Agon(竞争)是根据用户的意志和能力来进行的。Alea(运气)是意志和能力的放弃。运气在骰子、抽签、赛马等游戏中依赖度很高。

운동 运动, 训练 exercise

① 신체적, 정신적 건강을 위한 운동, ② 기량을 쌓기 위한 연습, 훈련.

① 为了身体或者精神健康的运动, ② 为增加技能而进行学习与训练。

웹 게임 网页游戏 web games

웹 브라우저를 기반으로 즐기는 온라인 게임. 별도의 클라이언트 프로그램의 설치 없이 웹 브라우저를 통해 쉽게 게임을 이용할 수 있는 게임을 말한다.

以网络浏览器为基础的在线游戏。没有其他客户程序的设置, 通过网络浏览器可以简单地使用游戏。

위기 완화 风险减轻 risk mitigation

위험 요소 완화. 예상되는 위험 요소를 과학적 방법으로 분석하여 위험요소를 사전에 최대한 경감시키는 것.

缓解危险要素。通过科学方法分析可能发生的危险要素,在事前最大限度地减少危险因素。

위험(요소) 평가 风险评估 risk assessment

임의의 시스템, 네트워크, 조직 등에서 나타날 수 있는 손실에 대비해서 보안 대책에 드는 비용 효과 분석을 통해 적은 비용으로 가장 효과적인 위험 관리를 수행하는 것.

应对任意系统,网络,组织等可能出现的损失,通过分析保安对策中的费用效果,以最少的费用执行最有效的风险管理。

유머 幽默 humor

ㅇ

고대 생리학에서 인간의 체내를 흐르는 혈액, 점액, 담즙, 흑담즙 등 4종류의 체액을 의미했는데 이런 체액의 배합 정도에 따라 사람의 기분, 기질 등이 변화한다고 믿던 것이 뜻이 점차 변형되어 현재의 유머(humor)로서의 뜻을 갖게 되었다. 유머란 우리가 웃을 때면 우리에게 주어진 메시지에 반응하는 것을 말하며, 어울리거나 일치되지 않는 생각이나 사건, 상황 등의 메시지를 평가하고 정신적으로 경험하는 것이며, 재미있는 장면을 보고 재미있다고 지각하여 그 결과로는 행동을 나타낼 때까지의 과정을 포함하는 포괄적인 인지적 경험이다.

在古代生理学中,人体体内流淌的血液、粘液、胆汁、胆汁等4种体液的体液,根据这种液的调配程度,相信人的心情、气质等变化,因此,意在逐渐改变现在的幽默(humor)。幽默是指在我们微笑的时候,对我们的信息给予回应,并评价说:"这是一个对事件和精神上的想法,以及精神上的经验,并在精神上体验事物的乐趣。"

유비소프트(게임 회사) 育碧娱乐软件公司 Ubisoft

유비소프트 엔터테인먼트 S.A.(Ubisoft Entertainment S.A.)는 프랑스 몽트뢰유에 본사를 둔 컴퓨터 비디오 게임 퍼블리셔이자 개발사이다. 23개 국가에 지사를 두었으며 그중 11개 국가에는 15개의 개발 스튜디오가 있어서 전 세계 3,950명의 직원 중 3,200여 명이 게임 제작에 참여하고 있다. 대표작은 〈레이맨〉, 〈페르시아의 왕자〉, 〈파 크라이〉, 〈어쌔신 크리드〉, 톰 클랜시 게임들(《레인보우 식스》, 〈스프린터 셀〉, 〈고스트 리콘〉, 〈와치독스〉)이 있다.

Ubisoft娱乐公司S.A.(Ubisoft Entertainment S.A.)是总部设在法国蒙特雷尤的电频游戏开发公司。在23个国家设有分公司,其中11个国家设有15个开发室,全世界3950名职员中有3200多名参加了游戏制作。代表作有〈Rayman〉, 〈Persian Prince〉, 〈Far Cry〉,〈刺客神克里德〉, 〈rainbow six〉,〈Splinter Cell〉。

유저, 사용자 用户 user

컴퓨터 시스템을 이용하는 사람을 가리키며, 게임산업에서는 게임을 즐겨 하는 사람을 게이머라고도 한다.

是指使用电脑系统的人, 在游戏产业中能够愉快的享受游戏的人也被称为玩家。

음성 채팅 语音聊天 voice chatting

음성 메시지 기능을 통해 음성을 통한 채팅만을 가리켜 음성 채팅이라고 한다. 일반적으로 온라인 게임은 거의 모두 채팅 기능을 지원한다. 게이머는 입력창에 텍스트와 이모티콘을 입력할 수 있고 게이머는 게임 세계와 다른 게이머로부터 온 정보를 채팅창을 통해서 확인할 수 있고, 이를 통해 즉각적인 소통을 할 수 있다.

通过语音短信功能,通过声音来进行的聊天方式,因此被称为语音聊天。一般来说,网络游戏几乎都支持聊天功能。玩家可在输入窗口输入文本和表情符号,玩家可以通过聊天窗口确认游戏世界中的信息,并立即进行沟通。

의미 있는 플레이 有意义的玩法 meaningful play

게임을 하고 나면 의미가 있어야 한다. 의미 있는 플레이는 플레이어의 행동과 시스템의 결과 사이의 관계에서 나타난다. 의미 있는 플레이는 게임 내의 행동과 결과 간의 관계가 식별성(識別性)을 갖고, 게임의 전체 맥락 속에 통합될 때 나타난다.

玩游戏要有意义。有意义的比赛体现在球员的行动和系统之间的关系之间。有意义的比赛在游戏内的行动和结果之间具有一定的区别,在游戏的整体脉络中出现。

ㅇ

의사결정 决策 decision making

어떤 문제를 해결하기 위해 여러 대안 중 가장 적합한 대안을 선택하는 과정. 게임에서는 매 순간마다 의사결정을 해야 한다. 문명 시리즈를 개발한 게임 개발자 시드 마이어(Sid Meier)는 게임의 정의를 “흥미로운 선택의 연속”이라고 말하기도 했다.

是指为了解决某个问题在许多对策中选出最合适的对策的过程。在游戏中每一个瞬间都要作出决定。开发出文明系列的开发商Sid Meier说游戏的定义就是“有趣的选择的延续”。

의사결정 나무 决策树 decision tree

나무의 가지를 갖고 목표와 상황과의 상호관련성을 나타내어 최종적인 의사결정을 하는 방법이다. 몇 개의 의사결정이 연속되는 경우, 첫 단계의 의사결정에 의해 실제상황에 대한 정보를 입수한 후, 이 정보를 고려하여 다음 단계의 의사결정을 하는 다단계 의사결정 방법이다.

具有树的枝叶，与目标和情况出现相互关联，从而做出最终决定的方法。在几个决定连续的情况下，根据第一阶段的决定收集实际情况的信息后，考虑所收集的信息之后，做出下一阶段的决定的多阶段决定的方法。

이벤트 活动 event

특정한 시간에 일어난 일을 의미하며, 게임에서는 게임 내에서 발생하는 모든 동작이나 사건을 의미한다.

意为在特定的时间内发生事情，在游戏中是指游戏内部发生的所有动作和事件。

이스터 에그 复活节彩蛋 Eastereggs

영화, 책, 소프트웨어, 하드웨어, 비디오 게임 등에 숨겨진 메시지나 글자나 그림, 또는 기능을 뜻한다. 이스터 에그라는 이름은 서양권에서 부활절에 달걀을 미리 집 안이나 정원에 숨겨두고 아이들에게 부활절 토끼가 숨겨놓은 달걀을 찾도록 하는 부활절 달걀 찾기 풍습에서 유래했다고 한다. 최초의 이스터 에그는 1978년에 발매된 아타리 2600용 비디오 게임 〈Adventure〉에서 유래한 것으로 알려져 있는데, 그 내용은 특정 픽셀 단위로 지나가면 이스터 에그를 넣은 프로그래머의 이름이 나온다.

是指在电影、书、软件、硬件、游戏等中所隐藏的信息、文字和图画等功能。复活节彩蛋这个风俗的由来是在西方复活节的时候将鸡蛋提前藏于家中或者庭院中，让孩子们找到复活节兔子所藏的鸡蛋。最初复活节彩蛋是在1987年所发行的雅达利2600电子游戏〈Adventure〉中，将这个由来告知大家。其内容以特定的像素单位为单位，将出现在复活期中加入的程序员的名字。

이야기 故事情节(故事) story

어떤 사실이나 현상 또는 경험한 것에 대해 일정한 줄거리를 갖고 하는 말이나 글로서, 이야기의 구성 요소는 인물, 사건, 배경이다.

对于任何事实、现象或经历，都是有一定梗概的语言或文字，故事的构成要素是人物、事件、背景。

ㅇ

이익 利益 profit

금전적인 수익.

金钱的收益。

이코(게임 이름) 古堡迷踪 Ico

2001년 SCE에서 개발한, 플레이스테이션 2용 액션 어드벤처 게임으로 안개의 성을 탈출하는 과정에서 소녀를 구해주도록 설계되어 있다. 독특한 분위기로 많은 상을 수상하기도 했다.

2001年在SCE开发的Playstation的游戏〈冒险探险游戏〉中，为了躲避雾霾城堡的过程中救出了少女。凭借独特的氛围获得了许多奖项。

익숙함, 낯익음 相似性熟悉度 familiarity

여러 번 보아서 익숙하거나 친숙하다. 낯설지 않다.

见过很多次的熟悉感和亲切感, 并且没有陌生的感觉。

인간 행동 人类行为 human behavior

내적·외적 자극에 대하여 인간이 보이는 반응의 총칭.

对于内在、外在的刺激人类表现出的反应的总称。

인간공학 人类工程学 ergonomics

인간과 그들이 사용하는 물건과의 상호작용을 다루는 학문이다. 인간의 신체적, 인지적 특성을 고려하여 인간을 위해 사용되는 물체, 시스템, 환경의 디자인을 과학적인 방법으로 기존보다 사용하기 편하게 만드는 응용학문이다. 인간공학은 산업공학에 그 뿌리를 두며 신체운동학, 인지심리학 등과 깊은 연관을 맺고 있다. 또한 인간행동연구, 인간과 컴퓨터 상호작용에도 적용되고 있다.

是指组成人类与他们所使用的物品之间相互关系的学问。考虑到人类身体的认知特征, 考虑到人类身体的认知性特征, 利用科学方法使为人类使用的物体、系统、环境的设计更加方便使用的应用学问。人类工学把根植于产业工学, 与身体运动学、认知心理学等有着很深的关联。另外, 该技术还适用于人类行为研究、人类与计算机相互作用等方面。

인공적인 人工的 artificial

자연스러운(natural)의 반대적인 의미로 인공·인조적인 의미를 말한다. 인공지능 등에 사용된다.

是指与自然的相反的，是人工的或人造的。用于人工智能等中。

인공지능(AI) 人工智能 Artificial Intelligene

인간의 학습능력과 추론능력, 지각능력, 자연언어의 이해능력 등을 컴퓨터 프로그램으로 실현한 과학 기술을 의미한다.

它是指通过计算机程序实现人类学习能力，推理能力，感知能力和自然语言理解能力的科学技术。

인구통계학 人口统计学 demographics

ㅇ

게임의 소비자를 정의할 때 사용되는 학문으로 소비자의 성별, 연령, 소비 행태, 선호 게임, 이용시간, 게임별 지출 성향, 교육 수준 등과 같은 사회경제적인 요인과 관련된 인구의 통계학으로 게임 마케터는 인구통계학을 이용하여 목표시장을 정의한다.

在定义游戏消费者时使用的学问，与游戏消费者的性别、年龄、消费状态、所喜欢的游戏、各个游戏支出的倾向、教育水准等类似的社会经济原因相关的人口统计学，游戏营销会利用人口统计学来定义目标市场。

인디 게임(독립 게임) 独立游戏 indie game

문화나 예술 분야에서 사용되는 말로 '독립적, 의존적이지 않은'이라는 의미를 지닌 영어 단어 'independent'의 줄임말이다. 인디 게임은 기성의 자본에 의존하지 않는다는 사실을 전제로 한다. 게임 분야로 한정한다면 투자회사나 퍼블리셔에 의존하지 않고 이러한 회사들로부터 게임의 내용에 대한 간섭을 배제한다는 것을 의미한다. 또한 개발자 자신이 만들고 싶은 독창적인 게임을 만든다는 의미도 여기에 포함되어 있다.

"独立游戏"是指在文化或艺术领域使用的"独立"一词,意指"独立、不依靠"之意的英语单词"independent"。"独立游戏"以不依靠现有资本的事实为前提。如果不局限于游戏领域,就不会依赖于投资公司或平板电脑,而是将这些公司排除在游戏内容之外。另外,开发开发者自己制作的创造性游戏的意义也包含在其中。

인벤토리 物品栏 inventory

게임 플레이어가 게임 과정 중에서 획득한 각종 아이템이나 물품을 보관하는 장소로 보통 가방의 형태로 제공된다.

游戏玩家在游戏过程中提供的各种物品或物品的保管场所是普通包的形态。

인지부조화 이론 认知失调 dissonance

우리의 신념 간에 또는 신념과 실제로 보는 것 간에 불일치나 비일관성이 있을 때 생기는 것을 인지부조화 이론이라고 한다. 인간은 자신의 다양한 태도, 신념, 행동 가운데 평형상태를 유지하려는 경향성을 지니며, 개인의 행동과 신념 사이의 인지적 불일치 상태인 인지부조화를 경험하면 개인의 평형상태를 유지하려는 경향 때문에 불편함을 느끼게 되고 자신의 신념이나 행동을 바꿈으로써 문제를 해결하려고 시도한다는 것이다.

是我们信念间或者信念与现实产生不一致的时候, 产生的认知不协调理论。拥有想要在人类自身的多样态度, 信念, 行动中维持平衡状态的倾向性, 如果体会到了自己的行动和信念之间的认知的不一致状态的认知不协调的话, 由于想要维持自己的平衡状态的倾向, 就会感到不舒服, 通过改变自己的信念和行动, 来试图解决问题。

인큐베이션 孕育期 incubation

원래는 항온배양을 하는 장치를 말하는데, 게임 산업에서는 게임 개발 및 서비스에 대한 신규사업 아이디어를 발굴하고, 아이디어의 사업화를 위해 일정 기간 보육하고, 지원해주는 시설이나 시스템을 의미한다.

这本来是指进行恒温培养的装置，在游戏产业中发掘新的项目创意，并为实现创意的事业，在一定期间内提供保育、支援的设施或系统。

인터넷 网络 internet

아파넷(ARPANet)에서 시작된 세계 최대 규모의 컴퓨터 통신망으로 전 세계를 연결하는 네트워크의 네트워크라고 할 수 있다.

可以说是在ARPANet开始，以世界最大规模的电脑通信网连接全世界的网络。

일링크스(어지럼증) 眩晕症 ilinx

프랑스 학자인 로제 카요와가 저술한 《놀이와 인간》에서 놀이를 경쟁, 운, 모방, 현기증 놀이 4가지로 구분했다. 일링크스는 롤러코스터를 탈 때처럼 짜릿한 기분을 맛보려 기꺼이 위험을 무릅쓰는 놀이들이다. 주로 놀이터에 있는 놀이기구는 중력의 왜곡을 이용하여 인간의 어지럼증(현기증)을 유발하여 재미를 만들어낸다.

在法国学者Roger Caillois创作的《游戏和人类》中，游戏分为竞争、运气、模仿、眩晕游戏四种。ilinx是一个像坐过山车时一样，为了体验惊心动魄的心情，甘愿冒险的游戏。主要在游乐场玩耍的游乐场利用重力的歪曲，诱发人类的眩晕症，制造出乐趣。

임의, 무작위적 任意地、随机地 random

임의적, 무작위적인. 인위적인 요소가 없는, 규칙성이 없는 것을 의미한다. 보통 주사위를 굴려 나오는 확률처럼 무엇이 나올지 모르는 상태를 의미한다.

是指随机的、没有认为认为要素、没有任何规矩。这意味着,就像一般掷骰子一样,不知道会出现什么情况。

ㅇ

ㅈ

자금 조달(투자유치) 调拨资金 funding

투자자로부터 자금을 모으는 방식, 투자를 유치하는 것.

| 作为投资者筹集资金的方式, 维持投资。

자기 표현 自我表现 self-expression

자신만이 가진 내면적인 생각이나 생활을 겉으로 드러내보이는 것으로, 게임에서의 자기 표현은 캐릭터의 선택(성별, 종족, 직업 등), 아바타 선택, 아바타 꾸미기, 또는 게임 내에서의 행동 및 채팅 등을 통해 나타날 수 있다.

| 将自己的内心想法和生活表现出来,通过游戏中的自我表现,通过角色的选择(性别,种族,直严等),网上化身的选择,网上化身的装饰,游戏中的行动及聊天等表现了出来。

자원 资源 resource

(원하는 목적을 이루는 데 도움이 되는) 재료나 자산, 게임에서는 게임을 개발하기 위해 만들어지는 여러 가지 그래픽 자원, 사운드 자원 등을 의미한다.

| 在游戏中为了进行游戏开发所做的各种各样的美术资源、音乐资源等。

자유 의지 自由意志 free will

놀이의 특징 중 하나인 자발성을 의미한다. 놀이는 자발성이 전제되어야 재미있다. 여기에 강제성이 부과되면 재미는 없어진다. 동기 이론에서는 동기의 유도나 게임의 결과에 따른 보상보다는 자기 목적적(autotelic)일 경우에 더 쉽게 몰입할 수 있다고 주장한다.

| 玩的特征中的一个就是自发性, 玩只有在自发的前提下才能感受到乐

趣。在这里如果过分的强制性的话是感受不到乐趣的。在动机理论中，主张根据动机的诱导或者根据游戏的结果能够得到补偿的这样自发的目的的情况下，更容易投入到游戏中去。

자존감, 자아존중감 自尊心 self-esteem

자아존중감(自我尊重感)은 자신이 사랑받을 만한 가치가 있는 소중한 존재이고 어떤 성과를 이루어낼 만한 유능한 사람이라고 믿는 마음이다. 시행착오 과정을 통한 게임 플레이 성공은 게임 플레이어를 자존감을 갖게 하며, 더 높은 목표를 추구하게 만든다.

自我尊重感是相信自己是值得爱的珍贵的存在，是能取得某种成果的有能力的人。通过执行错误过程的游戏成功让游戏玩家产生自尊感，并追求更高的目标。通过错误过程成功玩游戏，使游戏玩家拥有自尊感，追求更高的目标。

ㅈ

장기 象棋 chinese chess

체스와 비교하여 중국식 체스라고도 불리며, 한국에서는 장기(將棋)라고 불리며, 중국어로는 象棋 라고 한다. 16짝의 말은 한(漢)나라와 초(楚)나라로 상징되며, 모의로 전쟁을 하는 전략 게임으로 개발되었을 것으로 추정한다.

与国际象棋相比，它也被称为中国象棋。在韩国被称为将棋，但汉语是象棋。32个棋子象征着楚汉两个国家，预计开发为通过谋略而进行的战略性游戏。

장난감 玩笑 玩具 toy

놀이에 사용되는 물건으로 완구라고도 한다. 장난감은 주로 어린이용이지만,

최근에는 어른들을 위한 장난감도 많이 팔리기도 한다. 이런 장난감을 자주 사는 어른들을 아이와 어른의 합성어인 키덜트(kidult)라고 부른다.

游戏中使用的东西叫做玩具。玩具主要是儿童用的, 但最近也有很多为长辈的玩具销售。经常把经常买这种玩具的大人称为孩子和大人的合成词(kidult)。

장르 类型, 题材 genre

예술 분야에서 작품을 할 때 이용되는 느슨한 분류 범위이다. 주로 문학과 수사학 분야에서 사용되었으나, 영화와 음악, 만화, 컴퓨터 게임 등 다른 예술 분야에도 폭넓게 적용된다.

在艺术领域中制作作品的时候使用的比较宽松的分类范围。主要是用于文学和修辞学中, 但是在电影、音乐、漫画和电脑游戏等其他艺术领域中也广泛使用。

ㅈ

장애물 障碍物 obstacles

게임에서 나타나는 모든 장애물.

在游戏找中出现的所有的障碍物。

재미 乐趣 fun

게임 플레이를 통해 얻을 수 있는 즐겁고 긍정적인 상태로 보상을 기대하며, 감각적 재미, 도전적 재미, 상상적 재미, 사회적 상호작용의 재미를 포함한다.

通过玩游戏所能够得到的快乐, 或者以积极的状态期待得到奖赏。包括感觉得趣味、挑战的趣味、想象的趣味、社会间相互关系的趣味。

재방문율 再访问率 retention rate

특정한 서비스를 경험한 소비자가 그 서비스를 다시 찾는 경우가 얼마나 많이 생기는지를 비율로 나타낸 지표. 게임에서는 게임을 경험한 소비자가 그 게임을 다시 찾거나 로그인하여 이용하는 경우가 얼마나 높은지를 비율로 나타낸 것이다. 이에 따라 게임의 성공 여부를 평가하기도 한다.

特定服务经历的消费者重新选择该服务的情况以比率来体现的指标, 在游戏中,体验游戏的消费者再次登录或登录该游戏的情况会有多少。因此,还会评价游戏的成功与否。

저장 存储 save

게임 안에서 플레이어의 점수나 실적을 내장 또는 외장 메모리 장치에 저장하는 것. 보통 온라인 게임에서는 플레이어의 의도와 상관없이 자동 저장된다. 콘솔 게임이 처음 발매되었을 때 제공된 저장 기능은 오랫동안 플레이할 수 있는 어드벤처 게임과 롤플레잉 게임 장르를 잉태하게 하였고, 오랫동안 플레이할 수 있는 게임 개발의 배경이 되었다.

在游戏中, 玩家将一个分数的业绩保存在内脏或外长内存里。一般的在线游戏中, 将与玩家的意图无关, 自动保存。主机游戏在第一次发行的时候制作的存储功能是长期进行的冒险游戏和角色扮演游戏题材, 成为了可以长期玩游戏的背景。

전략 게임 策略类游戏(策略游戏) strategy games

게임을 운용하는 자원 또는 요소에 대한 운용과 게임에 대한 흐름을 파악해 게임에서 추구하고자 하는 목적에 도달하는 플레이를 말한다. 게임의 요소적 측면에서 작은 부분에 집중하는 것이 아니라 전체 운영을 목표로 하는 게임들을 말한다. 대표적인 사례로 바둑, 장기, 체스 등이 있으며, 보통 턴제로 운영되나, 1999년 블리자드엔터테인먼트가 출시한 〈스타크래프트(Starcraft)〉는 실시간 전략 시뮬레이션 게임으로 크게 인기를 끌었다. 이를 기점으로 하여 다양한 실시간 전략 시뮬레이션 게임들이 나왔다.

指掌握运用游戏的资源或要素性的运用和游戏的动向,达到游戏追求的目的。是指,在游戏的要素方面,不是集中于小部分,而是以全体运营为目标的游戏。代表性的事例有围棋,象棋,国际象棋等,一般是以转盘形式运营的,1999年暴雪娱乐公司推出的〈Starcraft〉作为实时战略模拟游戏,大受欢迎。以此为基点,出现了多种多样的实时战略模拟游戏。

전쟁 게임 战争类游戏 wargame

군사 훈련을 위한 가상의 전쟁 게임. 실제 또는 가상의 군사작전 상황을 묘사할 수 있도록 고안된 전쟁의 규칙, 제원 및 기동 절차에 입각하여 둘 또는 그 이상의 적대 세력 사이에 게임 보조물을 사용하여 실시하는 모의 군사작전이다. 최근에는 이를 통해 실제 전쟁을 모의로 연습하는 데 사용되고 있다.

为了军事训练而进行的假想的战争游戏。这是一种模拟战争的规则, 以可以描述实际或假想的军事作战情况, 以战争的规则、制元和机动程序, 或在两个以上的敌对势力之间使用游戏辅助物实施的模拟军事操作。最近, 也通过此类游戏来模拟实际战争进行演练。

전투 战斗 combat

적과의 전투와 싸움을 의미한다. 게임에서는 인간에게 극단적인 선택 상황을 제공해야 하므로 전투가 주요 소재가 된다.

意为和敌人之间的战斗。在游戏中, 因为必须向人类提供极端的选择, 所以战斗成为了主要的素材。

절차, 과정 过程 procedure

절차, 순서.

程序、顺序。

점수, 득점 得分 score

게임 안에서 플레이어가 주어진 도전과제, 미션 등을 수행하면 평가를 하여 구체적인 숫자로 플레이어에게 제공하는 것. 게임의 종류마다 게임 점수를 매기는 방식이 다르다.

在游戏中,如果玩家完成指定的挑战课题,任务等,就会进行评价,并用具体数字提供给玩家。

접근성 可达性接近性(可玩性) accesibility

시간적, 공간적, 심리적 접근 용이성. 통로, 출입구, 교통의 편리와 같은 시설의 질이 얼마나 좋은가 하는 정도를 나타낸다. 게임에서는 보통 얼마나 쉽게 접속하거나 접할 수 있는 정도를 의미한다.

时间、空间、心理接触、交通便利性、交通便利等设施的质量很好的程度。在游戏中,一般指的是容易接触到或能够接触到的程度。在游戏中,主要指当前游戏的游戏特性对玩家的影响程度, 简单来说, 就是"使游戏好玩的特性。

ㅈ

정액제 시장 认购市场 subscription(market)

게임 이용에 과금을 하는 방식 중 하나로, 정기적으로 일정한 금액을 지불하고 서비스를 이용하는 것. 온라인 게임은 월정액제를 많이 이용하고 있다. 최근에는 무료로 게임을 이용할 수 있지만 아이템은 유료로 판매하는 방식(free to play)도 많이 이용되고 있다.

用在游戏利用游戏的方式之一, 定期支付一定金额并利用服务。网上游戏利用了很多月定额制。虽然最近可以免费使用游戏, 但是产品也经常使用用收费销售的方式(free to play)。

정적인 静止的 static

(변화나 움직임이 없는) 고정된, 정지한 상태를 의미하며, 게임에서는 역동적인(dynamic)의 반대어로 사용된다.

(没有变化或者不移动的), 以为固定的或者静止的状态, 在游戏中是指充满活力的反义词。

ㅈ

제로섬 게임 零和博弈 zero sum game

게임이나 경제 이론에서 여러 사람이 서로 영향을 받는 상황에서 모든 이득의 총합이 항상 제로(zero) 또는 그 상태를 말한다.

在游戏或经济理论中,很多人受到相互影响的情况下,所有利益的总和是零(zero)或状态。

제약사항 制约事项 constraints

게임에서 플레이어의 행동을 제약하는 규칙상의 제한이나 조건 등을 의미한다. 제약사항은 게임에서의 행동을 제한하지만, 그 대신 행동의 명확성을 제공하기도 한다.

是指在游戏中制约玩家行动的规则上的限制和条件等。制约情况虽然是制约游戏中的行动, 但是也提供了代替行动的明确性。

제어 시스템 操控系统 control system

컴퓨터에 의하여 동작이나 처리를 자동으로 관리할 수 있게 한 시스템. 게임에서는 게임에서의 동작을 조종하는 시스템을 의미하기도 한다.

是指根据电脑能够进行自动管理动作和处理的系统。在游戏中也是指操纵游戏中的动作的系统。

젤다의 전설(게임 이름) 塞尔达传说 Legend of Zelda

닌텐도의 게임 디자이너인 미야모토 시게루가 만들고 배급한 액션 어드벤처 게임. 게임 플레이는 액션, 어드벤처, 퍼즐, 롤플레잉을 섞은 형식으로 구성되었고, 1986년 첫 게임이 출시된 이후, 2017년까지 수십 개의 시리즈가 발매되었다.

任天堂游戏设计师Shigeru Miyamoto制作冒险游戏游戏玩法以动作、冒险、拼图、角色扮演等混合的形式出现成功。在1986年推出了第一场游戏,并于2017年推出了数十件系列游戏,截止到2017年,共发行了数十个系列。

조사연구 调查研究 research

기존의 지식 발견, 해석, 확인 등에 초점을 맞추어 체계적으로 조사를 하는 것. 가령, 조사연구(marketing research)란 상품 및 마케팅에 관련되는 문제에 관한 자료를 계통적으로 수집·기록·분석하여 과학적으로 해명하는 일이다.

对现有知识的发现、解释、确认等焦点, 有系统地进行调查。例如, 通过收集相关资料, 通过搜集、记录、分析相关问题的资料, 进行科学解释。

조이스틱 游戏手柄、操纵杆操纵杆 joy stick

주로 콘솔 게임에서 게임을 제어할 때 쓰는 입력 장치이다. 보통 축을 사용하여 방향 조정할 수 있고, 몇 개의 버튼을 이용하여 명령을 입력하고 게임을 조정한다.

是指在主机游戏中操控游戏时使用的装置。使用普通轴来操控方向，使用几个按钮来输入命令来调整游戏。

좌절 挫折、失败 frustration

어떤 도전이나 일 따위가 도중에 실패로 돌아감. 또는 어떤 일이나 도전에 대한 의지나 기운이 꺾임.

在某个挑战或者某件事中失败而返。或者在某件事、某个挑战中运气、意志受挫。

ㅈ

죄수의 딜레마 囚徒困境 Prisoner's dilemma

게임 이론의 유명한 사례로, 2명이 참가하는 비제로섬 게임(non zero-sum game)의 일종이다. 이 게임은 용의자의 딜레마 또는 수인의 번민(囚人의 煩悶)이라고도 부른다. 이 사례는 협력할 경우 서로에게 가장 이익이 되는 상황일 때 개인적인 욕심으로 서로에게 불리한 상황을 선택하게 된다는 것을 보여주고 있다.

作为游戏理论的著名例子,这是2人参加的"non zero-sum game"的一种。该游戏也被称为嫌疑人的两难境地或囚犯的烦闷。该事例表明,合作时,如果对彼此最有利,就会用个人的欲望选择对彼此不利的情况。

주문형 게임 定制游戏 games on demand

원하는 PC게임을 실시간 온라인으로 스트리밍해주는 서비스로 온라인으로만 전달되기 때문에 게임 CD 등의 불법복제를 원천봉쇄할 수 있다. 필요한 시간에 필요할 때마다 주문하여 게임을 즐길 수 있다.

通过实时在线传送游戏网络游戏的服务,只能在网上传递游戏CD等非法复制信息。必要时必要时可随时订购游戏。

주사위 굴리기 掷骰子 dice rolling

게임에서 플레이어의 의지가 아닌 우연에 의한 결과를 원할 때 주로 사용되는 도구로 주사위가 있고, 이를 굴려서 나오는 숫자에 맞추어 말을 이동시켜 게임을 진행한다.

在游戏中,不是依靠玩家的意志,而是根据偶然的结果来使用的工具,根据滚动的数字移动游戏进行游戏。

주인공 主人公 protagonista

영화, 연극 등에서의 주인공, 중심 인물.

电影、喜剧中的主人公, 中心人物。

즐거움 快乐、乐趣 pleasure

쾌락. 고통의 반대 상태로 안식, 안락으로 표현되기도 한다.

快乐、幸福, 苦痛的反义词。以安乐的形式表现出来。

증강현실(AR) 增强现实 Augumented Reality

사용자가 눈으로 보는 현실세계에 가상 물체를 겹쳐 보여주는 기술이다. 모든 정보를 가상으로 보는 가상현실(Virtual Reality)과 비교하여 증강현실(AR)이라고 한다.

这是将虚拟物体叠加在用户眼中的现实世界中的技术。将所有信息与虚拟的虚拟现实(VR)相比, 称为增强现实(AR)。

지도 地图 map

지구 표면 또는 공간의 일부나 전부의 상태를 기호나 문자를 사용하여 실제보다 축소해서 평면상에 나타낸 것으로 게임에서는 게임 세계의 지도를 작게 표시한다. 보통의 경우에는 미니맵(mini map)으로 표시되다가 구체적인 정보를 알고 싶어서 확인할 경우 더 큰 지도를 볼 수 있는 기능이 있다.

使用地球表面或空间的一部分或全部的状态或全部的状态,在平面上显示出了低于实际情况,在游戏上标注游戏世界的地图。一般情况下,如果通常在游戏中单击小地图,就可以了解具体的信息,如果确认具体的信息,就能看到更大的地图。

지러닝, 게임기반학습 基于游戏的学习(游戏式学习) game based learning

게임을 이용한 교육, 기존의 게임이 갖는 재미의 장점을 충분히 살리면서 학습 요소를 가미한 것을 의미하며, 에듀테인먼트, 교육용 게임이라고도 불린다.

充分发挥游戏的教育、现有游戏的乐趣的优点,添加了学习要素,也被称为"教学娱乐"、"教育游戏"。

지루함 厌倦 boredom

칙센트미하이의 몰입 이론에서 불안과 초조의 반대 심리 상태로 지루함이 있다. 몰입은 도전 과제와 스킬 수준이 균형을 이룰 때 나타난다.

意思是对某种活动失去兴趣或感到疲劳, 不愿继续做, 不喜欢。只有当挑战和困难达到平衡时, 您才能沉浸其中。

지역 규칙(지역마다 다른) 地域规则 house rules

놀이나 게임에서 본래의 규칙과는 달리 지역별로 개정된 규칙을 의미한다. 카드 게임에는 지역마다 다소 다른 규칙이 적용되기도 한다.

在游戏中, 不同于原来的规则, 意为按照地区来修改规则。在卡牌游戏中, 每个地域都会采用不同的规则。

지적 재산권 知识产权 intellectual property rights

게임 같은 지식재산에 대한 권리를 뜻한다. 게임업계에서는 자사의 지적재산권 활용은 물론, 다른 장르 다른 작품의 지적재산권을 활용하는 사례가 많다.

是指对像游戏这样的知识产权的权利。在游戏行业中除了活用自己的知识产权外还有活用其他题材或者其他作品的知识产权的例子。

지침서 指南 guide book

게임에 대한 소개와 게임 플레이 공략을 소개하는 책자로, 콘솔 게임이나 PC 게임 패키지를 구매하면 그 안에 포함된 경우가 많으나, 온라인 게임은 웹 상에 정보가 공개되어 있다.

对于游戏的介绍与游戏玩法战略的介绍的册子, 在主机游戏或者PC游戏中打包购买的话，里面所包含的经验分厂，线上游戏也会公开在网络上的信息。

지하 감옥 地牢 dungeon

던전은 원래 단순히 지하 감옥을 의미하지만, 게임에서는 적 몬스터들이 대거 포진해 있는 동굴이나 성을 지칭한다.

地牢原来指的是纯粹的地下监狱，但在游戏中却是大量分布着众多敌人的洞窟或城堡。

大

처벌 处罚 punishment

나쁜 행실이나 불법 행위에 대해 벌칙을 가하거나 행동 수정을 위해 유해한 자극을 제공하거나 유쾌한 자극을 철회하여 그러한 행동이 반복하게 될 가능성을 줄이는 것이다.

减少对不良行为或违法行为进行处罚或为修改行动而提供有害刺激，或者撤回愉快的刺激，重复这种行为的可能性。

철권(게임 이름) 铁拳 TEKKEN

일본 남코사에서 개발한 격투 게임 시리즈이다. 1994년 아케이드 게임으로 개발을 시작하여 철권 1에서 7까지 개발되었으며, 그 외에도 철권 태그 토너먼트, 철권 어드밴스 등 다양한 시리즈가 개발되어 소니 플레이스테이션으로 발매되었다.

这是日本南子公司开发的格斗游戏系列。1994年以Acade游戏开始开发，铁圈1到7被开发，此外还开发了铁拳Tag淘汰赛，铁拳Advance等多种系列，以Sony的PlayStation形式销售。

ㅊ

체력 점수 生命值 health point

보통 게임에서 캐릭터가 적으로부터의 피해를 버틸 수 있는 능력을 수치로 표현한 것. 주인공 캐릭터의 HP가 0이 되는 순간 캐릭터는 사망하거나 진행불가 상태가 된다. 다른 표현으로는 HP(Hit Point)라고도 부른다.

一般是指在游戏中角色所能够承受的的敌人伤害的能力值。当角色的生命值达到0的时候这个角色就会死亡或者不能在进行任何行动。另一种说法也叫HP(Hit Point)。

체스(게임 이름) 国际象棋 chess

8줄씩 64칸의 격자로 배열된 체크무늬 판과 병정 모양의 말을 이용하여 두 사람이 펼치는 보드 게임. 서양 장기라고도 한다. 체스의 어원은 페르시아어로 샤(shāh: 왕)이고, 고대 인도의 보드 게임인 차투랑가(chaturanga)가 유럽으로 전해져 변형된 것으로 알려져 있다.

利用八行八格排列的格子版板和士兵模样的棋子,两人展开的棋盘游戏,两人的棋类是国际象棋,国际象棋也称为西洋棋。波斯语是沙(Shah:king),起源是印度的棋牌游戏"Chaturanga"。

치트 코드 作弊码 cheat code

컴퓨터 게임을 쉽게 플레이하기 위해, 혹은 다른 플레이어보다 압도적인 우위를 차지하기 위해 비정상적인 방법으로 데이터를 조작하는 행위로 일반적으로 단축 명령어를 이용한다.

为了更易于掌握电脑游戏, 或者是为了与其他玩家相比占有压倒性的优势, 而以非正常的方法进行操作数据的行为, 一般使用压缩的命令语。

ㅊ

치트키 外挂作弊键 cheat key

컴퓨터 게임에서 '치트키'란 제작자들만이 알고 있는 비밀키 또는 속임수를 의미한다.

是指在电脑游戏中只有制作者才知道的秘密或者骗术。

ㅋ

카드 게임 卡牌游戏 card games

카드(트럼프, 화투 등)를 이용해서 하는 보드 게임의 한 종류로, 대표적인 게임으로는 포커, 마이티, 블랙잭 등이 있다.

| 这是一种使用纸牌玩的棋盘游戏, 代表游戏是扑克(poker)。

카드 섞기 洗牌 shuffling

카드 게임 중에서 카드를 무작위로 섞는 것을 의미한다.

| 这意味着,在卡牌游戏中,将卡牌随意混合。

카드판(모음) 卡片盘, 游戏桌垫 card decks

카드 게임을 할 때 카드를 모아놓은 것(곳).

| 玩卡游戏时把卡收起来(处)。

ㅋ

카지노 赌场 casino

도박이 공인된 장소를 의미한다. 이탈리아어로 '작은 집'을 뜻하는 카시노(casino)에서 유래되었다.

| 意味着赌博是公认的场所。源自意大利语中意为小屋的casino。

캐릭터 角色 character

소설, 영화, 애니메이션, 게임에 등장하는 인물, 또는 작품 속에서 드러나는 인물의 개성과 이미지를 의미한다.

小说、电影、动画和游戏中出现的人物，在作品当中表现出登场的人物的个性和形象。

캐릭터 속성 角色属性 character attribution

게임에서의 캐릭터 속성이란 캐릭터가 태생적으로 갖고 있는 나이, 성별, 성격, 생김새, 능력 등을 의미한다.

角色属性是指游戏中角色所具备的年纪、性别、性格、长相和能力。

캐주얼 게임 休闲游戏 casual game

복잡하고 대규모의 다중 사용자 온라인게임인 MMORPG(Massive Multi-Player Online Role Playing Game)에 대응되는 게임으로 자투리 시간을 이용해 간편하게 즐길 수 있는 게임을 말한다. 레이싱, 농구, 야구 등 비교적 간단히 즐길 수 있는 게임들이다. 웹 보드 게임에 비해 시간이나 편의성 비용 측면에서 부담 없이 즐길 수 있다는 장점이 있다.

休闲小游戏是小游戏的一种。一般都是在无聊的时候玩的，后来发展成网页游戏。并成为网络游戏集，并加以利用加入网络等元素，可以和网友进行比拼，使得休闲小游戏得以发展。

ㅋ

커뮤니티 社区 community

공동 목표나 생각을 가진 게임 이용자들의 자주적인 정보 통신네트워크로 맺어진 기능적인 작은 사회 집단.

拥有共同目标和想法的游戏用户们通过自主信息网络结成的功能性的小的社会集团。

커서 光标 cursor

컴퓨터 디스플레이 장치의 화면에서 입력 위치를 나타내는 표지. 보통 화살표로 많이 표시된다.

显示电脑显示器的屏幕显示位置的标志。通常用箭头表示的比较多。

컨트롤러(조종기) 游戏机操控器 controller

보통 콘솔 게임에서 게임을 조종하는 전자 장치를 의미한다.

是指在一般的主机游戏总操纵游戏的电子装置。

컷 신 镜头 cut-scene

게임에서 상호작용하지 않으며 게임의 배경 이야기나 허구를 전달하는 영상 부분. 게임을 이해하는 맥락을 제공한다.

在游戏中没有相互作用, 并传达游戏背景的故事或是传达许可的影像部分。提供了解游戏的脉络。

ㅋ

코미디 喜剧 comedy

관객에게 즐거움을 안겨주는 것을 주된 목적으로 하는 극 또는 행동. 관객들은 자기들보다 좀 덜떨어지고 불안정한 인물의 실수에 웃음을 터뜨리는데 이런 구도에서 관객은 자신이 등장인물보다 좀 더 우월하다고 느끼게 된다.

是以给观众带来喜悦为目的的剧或者行动。观众们从比自己傻或者不安稳的人物的失误中引发爆笑, 在这样的情况中, 和登场的人物相比观众们能够感受到优越感。

콘셉트 디자인(개념 설계) 概念设计 concept design

게임에서는 게임 기획자가 생각하고 만들고 싶은 게임의 기본적인 생각이나 시스템을 의미한다.

是指在游戏中游戏策划者想出来的和下那个哟啊制作的游戏的基本的想法或者系统。

콘셉트 아트 概念艺术 concept art

어떤 작품에서 드러내려고 하는 생각, 즉 게임에서는 미술 작품을 통해 자신의 생각을 드러내려고 하는 초기 작업 결과를 의미한다.

在某个作品中显露出来的想法, 意为通过在游戏中的美术作品表达出自己的想法初期成果。

콘솔(게임전용기) 游戏机(游戏主机) console

보통 TV에 연결하여 게임을 즐길 수 있도록 한 게임 전용 전자기기.

一般是指链接电视之后能够玩的游戏, 是游戏专用的电子机器。

ㅋ

콤보, 연속 공격 连击 combo

두 가지 이상의 기능이나 방식 따위를 하나로 통합한 것을 의미한다. 보통 대전 게임에서 두 가지 이상의 공격이나 수비를 연속해서 할 때 콤보 기능이라고도 한다.

是指将两个以上的技能或者方式之类的和为一个。一般在对战游戏中, 连续攻击或者防御的时候成为连击技能。

쿼터 뷰 俯视 quarter view

게임 플레이어가 게임의 공간을 바라보는 시점 중 하나이며, 탑 뷰(위에서 평면도처럼 바라보는 시점)와 사이드 뷰(공간을 옆에서 바라보는 시점)와 비교하여 쿼터 뷰는위에서 아래로 비스듬히 바라보는 시점을 의미한다.

quarter view是指与top view(顶视图)、side view(侧视图)相比, 从上到下斜视的观点。

퀘스트 任务 quest

게임의 최종 목표를 달성하기 위해 게임 플레이 도중에 달성해야 할 작은 목표나 임무 같은 것들로 게임의 장르에 따라 다른 형태로 제시된다. 보통 RPG 장르에서는 NPC와의 대화를 통해 제시하기도 한다. 특정 장소로의 이동, 사냥 및 수집, 배달, 아이템 찾기 등으로 구성되며, FPS 장르에서는 미션(mission)으로 표현되기도 한다. 퀘스트를 완료하면 그에 상응하는 보상으로 레벨 업이나 아이템이 주어진다. 간혹 퀘스트는 게임의 플레이 방법을 학습하는 튜토리얼 역할을 하기도 한다.

为了达成游戏的最终目标,游戏比赛途中需要完成的小目标或任务等根据游戏的种类不同,以不同的形式提出。一般RPG体裁中,还会通过与NPC的对话提出。由特定场所的移动,打猎,收集,送货,寻找道具等构成,在FPS体裁中,还被称为"任务(mission)"。完成任务后,将给予相应的补偿,提升等级或商品。偶尔,任务(quest)还会起到学习游戏玩法的教程作用。

ㅋ

퀴즈 게임 答题游戏, 解密游戏 quiz games

게임 안에서 제시된 문제를 맞추어 가장 높은 점수를 획득하는 사람이 이기는 게임 장르를 의미한다. 한국에서 크게 인기를 끌었던 온라인 퀴즈 게임은 넥슨의 "큐플레이"이다.

回答游戏中的问题获得最高分数的人获得胜利的游戏, 在韩国大受欢迎的在线智力竞赛游戏是NEXON公司的"Q-play"。

클라우드 서비스 云端 云服务 cloud servie

인터넷으로 연결된 대형 고성능 컴퓨터(데이터센터)에 소프트웨어나 콘텐츠를 저장해 두고, 필요할 때마다 언제 어디서든 인터넷에 접속하여 꺼내 쓸 수 있는 서비스다. 사용자는 일정액의 비용을 지불하고 스마트폰이나 PC 등을 통해 문서, 음악, 동영상 등 다양한 콘텐츠를 편리하게 이용할 수 있다.

这是一种在连接网络的大型高性能计算机(数据中心)储存软件或储存信息时,随时随地都可以随时随地上网使用的服务。使用者可以支付一定的费用,通过智能手机或电脑等,方便使用文件、音乐、视频等多种内容。

클라이언트 客户端 client

보통 서버-클라이언트 구성 방식에서 사용자 측을 의미하며, 사용자가 서버에 접속했을 때 클라이언트는 사용자 자신을 지칭할 수도 있고, 사용자의 컴퓨터를 가리키기도 하며, 컴퓨터에서 동작하고 있는 프로그램이 될 수도 있다. 반대적 의미로 서버가 있다. 클라이언트 프로그래머란 사용자 컴퓨터에서 작동되는 프로그램을 짜는 프로그래머를 의미한다. 일반적 용어로는 고객이란 의미도 있다.

使用普通服务器-客户端构成方式, 意味着使用者, 如果用户接触到服务器的时候, 客户端(client)也可以指定用户自己, 也可以指用户的控制计算机, 也可以成为在电脑上动作的应用程序有, 这是一个伺服器, 以反对的方式进行了服务器。一般术语是顾客的意思。

ㅋ

클랜 部落、社区、战队 clan

같은 온라인 게임을 즐기면서 형성된 동호인들의 모임으로 길드와 유사한 개념이다. 보통 MMORPG에서는 길드(guild)로 불리지만, FPS 게임에서는 주로 클랜이라고 한다.

在享受同一个网络游戏时形成的相同爱好者的聚会, 与行会的概念相似。在MMORPG游戏中被称为"工会(guild)", 但是在FPS游戏中被称为"战队(clan)"。

클리셰, 상투적인 표현 陈腔滥调, 老套的表现 cliches

영화나 소설 등의 예술작품에서 사용되는 상투적인 표현과 기법을 의미하며, 조금 사용하면 익숙하고 친근하게 느껴지지만, 너무 많이 사용하면 식상함을 준다. 게임 제작에 있어서도 똑같이 적용된다.

在电影或者小说等艺术作品中惯用的的表现和方法, 使用一点的话会让人感到熟悉和亲切, 但是反复使用的话会让人腻烦。在游戏制作中也是有相似的作用。

ㅋ

키보드 键盘 keyboard

보통 컴퓨터의 자판을 의미하고, 글자를 타자하여 컴퓨터 명령을 입력하는 장치이다.

电脑的键盘, 用来打字或者向电脑输入命令的装置。

킬러(살인자) 유형 杀人者(类型) 杀手 Killers

리처드 바틀(Richard Bartle)의 MMORPG의 플레이어 유형 분류 중 하나로 킬러형은 타인과 경쟁하고 승리하는 데 흥미를 느낀다.

Richard Bartle的MMORPG的玩家类型之一, 是与他人竞争并取得胜利并感受到乐趣。

E

탁자용 게임 桌游 table top games

보드 게임, 카드 게임, 주사위 게임, 미니어처 게임 등을 포괄하는 말로, 장기, 바둑, 포커, 마작 등이 이에 해당한다.

包括棋盘游戏,卡片游戏,骰子游戏,微型游戏等,象棋,围棋,扑克,麻将等。

탈것, 이동수단 交通工具 vehicles

교통수단으로서의 탈것 모두를 지칭하는 것. 예를 들면, 오토바이, 자동차, 기차, 비행기 등.

交通工具是指能够乘坐的所有工具。例如摩托车、汽车、火车和飞机等。

탈출 게임 逃跑游戏, 逃脱游戏, 密室逃脱游戏 escape games

게임의 구분 중 하나로, 주인공이 어떤 한 방에 갇혀 숨겨진 도구와 단서, 힌트를 얻어 탈출하는 식의 종류가 대부분이다. 방에서 탈출하는 게임을 주로 방 탈출 게임이라고도 부른다.

作为游戏的区分之一,主人公被困在某一个房间里,寻找隐藏的道具、线索、暗示出来的方式。从房中逃出去的游戏也被称作"密室逃脱游戏"。

탐험가 유형 探险家(类型) Explorers

리처드 바틀(Richard Bartle)의 MMORPG의 플레이어 유형 분류 중 하나로 탐험가형은 게임의 넓이를 알고 싶어 한다. 그들의 주된 즐거움은 발견이다.

Richard Bartle的MMORPG玩家类型分类的一种, 探险家想要了解到游戏的宽度, 他们的主要乐趣在于发现。

탑 뷰 顶视图 top view

게임을 위에서 내려다보는 듯한 느낌을 주는 시점을 제공하는 것. 대부분의 테이블 탑 게임과 위에서 바라보게 하는 것이 게임 플레이에 효과적인 게임에서 자주 사용된다. 어떤 경우에는 쿼터뷰가 이용되기도 한다.

看游戏的时候,给人一种像在上面俯瞰的感觉。大部分桌面游戏中经常使用在任何情况下都会使用俯视 (quarter view)。

턴제 回合制 turn based

플레이어가 차례대로 돌아가면서 명령을 수행하는 전략 게임의 한 가지로, 일반적으로 전략 시뮬레이션 게임에서 많이 이용된다. 온라인 게임에서는 턴제 슈팅 게임도 있다. 과거에는 컴퓨터의 성능 때문에 턴제 전략 게임이 많았지만, 최근에는 실시간 전략 시뮬레이션이 많아지고 있다.

玩家按顺序轮流执行命令的一种战略游戏,一般在战略模拟游戏中被广泛使用。在网络游戏中还有转身射门游戏。过去因为电脑的功能,很多游戏都是转转式战略游戏,但是最近大部分实时战略模拟游戏都在增多。

테마파크 主题公园 them park

특정한 주제를 기반으로 연출되는 관광, 오락시설을 말한다. 놀이공원, 박물관, 호텔, 상업용 놀이시설 등을 포함한다. 대표적인 테마파크로는 디즈니랜드, 롯데월드, 유니버설 스튜디오 등이 있다.

指以特定主题为基础进行演出的旅游,娱乐设施。包括游乐园,博物馆,酒店,商业用游乐设施等。具有代表性的主题公园有迪斯尼乐园,乐天世界,环球影城等。

통제감 操控感 sense of control

사람의 내면, 행동, 그리고 자신을 둘러싼 환경을 통제할 수 있다고 믿는 마음이다. 보통 통제감이 낮아지면 스트레스는 높아진다. 대부분의 플레이어는 통제감이 높은 상태를 선호하며, 따라서 플레이어에게 선택권이 주어지는 것을 좋아한다. MMORPG류의 게임에서 대부분의 플레이어는 스스로 통제감을 느끼고 있다고 생각하지만, 수천 명이 모여서 만들어가는 게임 환경을 모두 통제할 수는 없다.

相信可以控制人的内在,行动和围绕自己的环境。一般情况下,如果控制感下降,压力就会变大。大部分玩家都喜欢控制感很强的状态,因此喜欢赋予玩家选择权。MMORPG类游戏中,大部分玩家认为自己有控制感,但无法控制成千上万的人聚在一起创造的所有游戏环境。

통제의 역설 控制悖论 paradox of control

게임을 즐기려면 어느 정도의 통제가 필요하다. 그러나 플레이어가 스스로 게임 속 세계를 지나치게 통제할 수 있다고 믿고 의존하게 되어 다른 것에 주의를 기울일 수 없을 때, 그 사람은 궁극적인 통제, 즉 의식의 내용을 결정할 자유를 상실하게 된다. 이것이 바로 통제의 역설로, 몰입을 가져오는 활동들은 잠재적으로 통제가 상실되어 중독의 위험성이 있다.

想玩游戏需要一定的控制。但是随着玩家自己相信游戏中的世界过得过分的控制, 所以不能注意其他东西时, 那个人会进行刺激性的控制, 即决定意识的内容。这就是因控制的逆流而投入投入的活动, 潜在失去控制, 有中毒的危险性。

튜토리얼 教程、指导 tutorial

사용 지침서, 사용자 안내서. 보통 게임에서는 게임 플레이의 새로운 방법이나 규칙을 알려주는 안내 정보를 의미한다.

使用手册。用户手册 一般来说,游戏是指告知游戏新方法或规则的说明信息。

트레일러(예고편) 游戏预告片 trailer

게임을 소개하는 짧은 동영상. 게임 홍보, 광고용 영상.

简短的介绍游戏的视频, 用于宣传游戏与广告的视频。

특수효과 特效 special effect

특수한 기술을 이용하여 만들어낸 이미지. 이를 위해서는 특수 촬영 장비를 이용하기도 하고, 이미 촬영된 것에 특수한 소프트웨어적 기술을 이용하여 원하는 영상을 만들어낸다. 특수효과는 제작에 비용이 많이 들거나 위험할 경우, 또는 일반적인 방법으로 원하는 영상을 얻을 수 없을 경우에 사용한다. 특수효과는 FX라고도 하며, 게임에서의 타격, 마법 이용 시 특히 많이 이용된다.

利用特殊的技术而制作出来的图片。为此会使用特殊的摄影装备或者将已经拍摄好的视频利用特殊的软件而制作出想要的视频。特殊效果是在制作费用高或危险时,或不能用一般方法获得想要的视频时使用。特殊效果也叫FX,在游戏中受到的打击,使用魔法时,特别容易被利用。

E

(게임의) 특징 (游戏的) 特征 features

특징, 특성. 게임에서 게임의 광고를 위해 내세울 만한 대표적 특징을 의미한다.

特征, 特性。在游戏中为游戏广告所推出的具有代表性的特点。

팀워크 **配合、协力** teamwork

공동작업, 협력 등을 의미하며, 팀의 구성원 사이의 조직적이고 협동적인 행동을 의미한다.

| 意味着共同作业,合作等,意味着团队成员之间有组织,合作的行动。

E

II

파괴 **摧毁、破坏** destruction

파괴, 파멸의 의미로, 게임에서 상대방이나 상대의 시설을 쳐부수는 것을 의미한다.

意为破坏, 破灭的意思, 在游戏中是指摧毁对方或者对方的设施。

파사드 **外表, 建筑的正面** facade

원래는 건물의 출입구로 이용되는 정면 외벽 부분을 가리키는 말이다. 건물의 입면이 다양해지면 파사드는 건물 외피 전체를 의미하기도 한다. 미디어 파사드는 '파사드(facade)'와 '미디어(media)'의 합성어로, 건물 외벽 등에 LED 조명을 설치해 미디어 기능을 구현하는 것을 의미한다.

原来是指在建筑物的入口处使用的正面外墙的部分。如果建筑物的唇面多种多样, 帕萨德则意味着建筑物的外皮。media facade是'建筑物外观'和"媒体(media)"的合成词, 是指在建筑物的外壁上安装LED的照明, 体现媒体功能。

파워 업 **提升** power-up

게임에서 유료 또는 무료 아이템을 이용하여 플레이어의 힘을 높이는 것. 보통 캐릭터의 힘이 강해져 공격력이나 방어력이 강해진다.

在游戏中,利用收费或免费的道具提高玩家的力量。一般角色的力量变强后攻击力与防御力也会随之变强。

ㅍ

파이널 판타지(게임 이름) **最终幻想** Final Fantasy

일본 게임 회사인 스퀘어(Squre)에서 개발한 정통 일본식 롤플레잉 게임으로 1987년 처음 출시되었고, 2016년 15탄까지 제작된 유명한 프랜차이즈 게임이다. 게임 외에도 영화, 애니메이션, 소설, 만화 등의 상품으로 제작되었다.

日本游戏公司square开发的传统日式角色扮演游戏, 1987年首次上市。2016年制作出的15个著名的特许连锁经营游戏。除游戏以外, 还制作动画、电影、小说、漫画等作品。

파칭코 弹球盘, 弹珠机 Pachinko

일본의 도박 기계로 미국에서 유행한 핀볼(pin ball)과 유사하나, 위에서부터 내려오는 쇠구슬이 굴러가는 운에 따라 행운 금액이 결정되는 게임.

和在美国流行的pin ball类似的日本的赌博机, 根据从上面掉下来的铁球的旋转的运气来决定幸运金额的游戏。

패미콤(일본 게임기) 家庭电脑 Famicom

패밀리 컴퓨터의 준말(ファミリーコンピュータ). 닌텐도에서 1983년 발매한 가정용 게임기로, 패미콤(Famicom) 또는 FC라고 부르기도 한다. 아시아권 이외 지역의 북미와 유럽에서는 닌텐도 엔터테인먼트 시스템(Nintendo Entertainment System)이라는 이름으로 발매되었다.

家庭电脑Family Computer(简称FC或Famicom)是1983年任天堂公司发行的第一代家用游戏机。任天堂在亚洲以外的北美, 欧洲地区是以NES为名发售。

패치 补丁 patch

수정이 필요할 때, 컴퓨터 게임 프로그램의 일부를 빠르게 고치는 일을 말한다. 소프트웨어의 시험판 또는 정상적으로 발매된 이후에도 버그를 수정하거나 기능을 보완하여 이용자들이 소프트웨어를 업데이트 할 수 있도록 하는 경우가 많다.

需要修改的时候, 快速改正电脑游戏节目的一部分。在软件的测试版或正常开发后, 也会修改错误或补充功能, 使用户更新软件软件的情况较多。

패킷 **数据包** paket

네트워크를 통해 전송하기 쉽도록 자른 데이터의 전송단위. 본래는 소포를 뜻하는 용어로, 소화물을 뜻하는 패키지(package)와 덩어리를 뜻하는 버킷(bucket)의 합성어.

在网络上容易发送的数据传输单位。本来是指包裹的术语, 意味着消化物的配套和块块的合成词。

퍼블리셔 **游戏出版商(发行商)** publisher

(게임) 출판인. 게임 개발자(사)가 개발을 하면 그 게임을 배급, 서비스 하기 위한 전문 회사로 개발사와 판권을 계약하여 게임을 배급, 서비스, 광고, 운영하여 수익을 내는 책임을 진다.

(游戏)出版人,游戏开发者(公司)开发后,作为普及,服务的专门公司,与开发公司签订版权合约,负责分配游戏,服务,广告,运营等,从而获得收益。

ㅍ

퍼즐게임 **解谜, 难题, 益智游戏猜谜游戏** puzzle games

논리적인 사고를 통해 규칙에 따라 문제를 풀거나 해결책을 찾아내는 방식의 게임으로 지적 문제해결을 통해 지적 만족도를 제공한다. 게임의 하위 장르로 보기도 한다.

通过逻辑思维,根据规则解决问题或找出解决方案的游戏,通过知识问题的解决提供知识满意度。

페이지 뷰 浏览量,综合浏览量 page view

사용자가 사이트 내 웹페이지를 열람한 횟수. 사이트의 사용자 이용행태를 분석하거나 노출도가 중요한 온라인 광고의 단가를 결정하는 기준으로도 쓰인다.

是指用户浏览网站网页的回数。分析网页用户使用的状态也是决定重要的线上广告单价的标准。

페이퍼 프로토타입 纸原型 paperprototype

프로토타입은 정보시스템의 미완성 버전 또는 중요한 기능들이 포함되어 있는 시스템의 초기 모델을 의미한다. 페이퍼 프로토타입은 게임 메커닉의 핵심 요소를 우선 종이를 이용하여 그 가능성을 확인하기 위해 만드는 것을 말한다.

原型是意味着信息系统的未完成版本或重要功能的系统的早期模型。纸原型是指以游戏的核心因素为优先纸,为确认其可能性而进行的。

포스트모템(사후분석) 事后分析 postmortem

게임에서의 포스트모템은 게임이 출시되고 나서 게임의 장단점을 분석하는 일.

游戏的事后分析是指在游戏上市后分析游戏各种各样的优缺点。

포인트 앤 클릭 게임 指向和点击游戏 point and click games

마우스로 어떤 지점을 찾아 클릭하는 것만으로 게임하는 것(주로 어드벤처 게임에 많이 이용된다).

用鼠标找到某个地点点击就可以玩游戏(主要用于冒险游戏)。

포커스 그룹 인터뷰 焦点小组访谈 focus group interview

특정 주제에 대해 소수의 그룹을 대상으로 하는 인터뷰로, 진행자(moderator)의 주재로 6~8명 정도의 참여자들이 모여 이야기하는 방식으로 이루어지는 연구 방법이다. 게임 산업에서는 게임 테스트 기간 중에 게임의 목표 대상 계층의 잠재 이용자에게 게임을 플레이한 후에 의견을 들어보는 기법 중 하나이다.

对特定的主题以少数的组为对象而进行的采访, 由主持人(moderator)主持, 6~8人一起参与的方式进行讨论的方法。游戏产业是在游戏测试期间,对游戏的目标对象进行游戏的游戏后,再听取意见的方法之一。

포털 사이트 门户网站 portal site

포털은 관문이라고도 하며, 이용자들이 필요로 하는 서비스를 종합적으로 모아놓은 사이트로, 집 안으로 들어갈 때 반드시 지나야 하는 현관이라는 의미에서 유래되었다. 구글, 야후, 네이버, 바이두 등이 포털 사이트에 해당한다.

门户网站是用户的门户需要的综合服务的网站,进屋时必须要在这一意义上,玄关由来。谷歌,雅虎,naver,百度等都属于门户网站。

폴리곤 绘制多边形, 函数多边形 poligon

3D 그래픽에서 물체를 표현할 때 사용되는 기본 단위인 다각형을 의미한다. 이것들이 모여서 3D로 이루어진 사물이나 캐릭터를 표현한다. 즉 3D 객체는 각종 폴리곤의 집합체로 구성된다.

3D图形中用于表现物体的基本单位多角形。它们聚在一起表现由3D组成的事物或角色。即,3D客体由各种聚合物组成。

퐁 Pong Pong

세계 최초로 상용화에 성공한 게임으로 핑퐁(ping pong)에서 유래한 이름이다. 아타리사에서 1971년 출시한 게임.

这是世界上最先成功商业化的游戏,源于"乒乓球(ping pong)"。1971年阿塔利公司推出的游戏。

품질 검수(업무) 质量保证 QA [Quality Assurance]

게임업계의 직종 중 하나. 게임이 일정 수준의 품질이 되게끔 제품 출시 이전에 테스트 및 검수를 맡는 업무를 말한다.

游戏行业的一种职业, 在游戏上市以前, 对游戏的水准与质量进行检查的工作。

프로그래머 程序员 programmer

게임 개발에서 프로그래밍을 담당하는 사람으로 크게 클라이언트 프로그래머, 서버 프로그래머로 구분하기도 한다.

在游戏开发中负责程序的人员, 分为大的客户端开发人员和服务器开发人两种。

프로듀서 制作人 producer

영화의 프로듀서와 매우 유사하며, 게임을 개발하는 데 있어서 총괄 책임자로 기획의 결정, 계약의 협상, 스텝의 편성, 예산 관리, 일정 관리, 광고 및 마케팅 전략을 결정하는 역할을 한다.

和电影的制作人是相似的, 是游戏开发的总负责人, 负责策划的决定, 合约的签订, 工作人员的编制, 预算的管理, 日程的管理, 广告及市场营销的战略。

프로젝트 관리 项目管理 project management

효율적으로 프로젝트를 관리하여 성공적으로 프로젝트를 수행하게 하기 위한 일. 일을 세분화하고, 요구사항을 분석하고, 설계, 개발, 테스트, 교육, 문서화, 배포 및 사후 검토 등의 업무를 수행한다.

为了能够有效的管理项目, 成功的进行项目的开发, 负责细化各种事情, 分析具体情况, 设计, 开发, 测试, 教育, 文件化, 安排及时候检查的各项业务。

ㅍ

프로토타입 原型 prototype

본격적인 상품 제작에 앞서서 상품의 성능을 검증하고 개선하기 위해 핵심 기능만 넣어 제작한 기본 모델로 게임에서는 게임의 핵심 시스템과 핵심 재미를 느낄 수 있는 메커닉만 개발한 시제품을 의미한다.

在正式制作商品之前,为了验证和改善产品的性能,只加入了核心功能,作为基本模型在游戏中使用了游戏的核心系统和能够感受到核心趣味的只有mechanics开发的试制品。

플래시몹 快闪快闪族 flash mob

불특정 다수의 사람이 공통의 흥미나, 관심 동기에 의해 어떤 한 장소에서 미리 계획된 공연(춤, 노래, 공통의 행동 등)을 한 후 순식간에 흩어지는 것.

不特定的多数人根据共同的兴趣或关心动机,在某个地方进行事先计划好的演出(舞蹈,歌曲,共同行动等)后,瞬间就会分散。

플랫폼 平台 platform

다양한 종류의 시스템이나 서비스를 제공하기 위해 공통적이고 반복적으로 사용하는 기반 모듈, 어떤 서비스를 가능하게 하는 '토대' 또는 '틀'이라고 할 수 있다. 최근에는 MS의 윈도우 체제, 통신사, 애플 앱스토어, 페이스북, 유튜브도 플랫폼이라고 부르기도 한다.

为了提供多种系统或服务,可以将共同,反复使用的基础模块称为可以提供某种服务的"土台"或"框架"。最近,微软的Windows系统,通信公司,苹果app store, Facebook, YouTube也被称为平台。

플레이 테스트 游戏测试 playtest

게임 소프트웨어의 완결성을 검증하기 위해 하는 검사로, 게임 플레이어 입장에서 게임의 결함(bug: 버그)을 찾아내거나, 게임 플레이에 지장이 있는 곳을 검사하고, 게임 플레이가 충분히 재미있는지를 검사하고 평가하는 일.

为了检查游戏软件的完善性而进行的检查。在游戏玩家的立场上找到游戏的bug, 找到游戏玩法有障碍的地方, 检查与评价游戏玩法是否有充分的趣味。

플레이스테이션(게임기) PS游戏机 PlayStation

1994년 일본 소니 컴퓨터 엔터테인먼트(SCE)에서 만든 가정용 게임기.

1994年日本索尼电脑娱乐公司所制作的家用游戏机。

플레이어 玩家 player

게임을 플레이하는 사람들을 총칭한다. 게임에서 주인공의 의지대로 게임을 통제하고 조정하는 사람이다.

玩游戏的人的总称。在游戏中按照主人公的意志来操控游的人。

플로우(몰입) 沉浸、沉迷 flow

미하이 칙센트미하이가 30년 동안 실험을 통해서 인간의 행복에 대해 연구하다가 발견한 개념으로 "몰입" 또는 "삼매경"에 빠지는 심리적 상태를 의미한다. 우리는 어떤 행위를 마음에서 우러나와서 하게 되면 행복의 플로우에 빠진다. 또한 플로우는 도전과제와 자신의 실력 수준이 적당하게 균형을 이루면 몰입 상태에 빠지게 된다.

米哈依米克通过实验30年的实验,研究了人类的幸福,并发现了"专注"的心理状态。我们从某种意义上讲,只要下定决心,就会陷入幸福的心灵中。另外,Flow就是挑战课题和自己的实力水平适当均衡,就会陷入深深的投入状态。

플로우 차트 游戏流程图 flowchart

문제의 범위를 정하여 분석하고, 그 해법을 명확하게 하기 위해서 필요한 작업이나 사무 처리의 순서를 통일된 기호와 도형을 사용해서 도식적으로 표시한 흐름도를 의미한다.

这意味着,为了确定问题的范围,并明确指出了其解决方法,并将必要的工作和处理程序的顺序用于统一的符号和图形。

피규어 公仔 figure

다양한 동작을 할 수 있도록 만들어진 사람, 동물 등의 모형이다. 영화, 애니메이션 또는 게임 주인공을 정밀하게 표현하는 것에 중점을 둔다.

制作成能够进行多样动作的人或者动物的形象, 重点刻画电影、动画和游戏的主人公。

피그말리온 효과 皮格马利翁效应 pygmalion effect

상대방에 대한 긍정적인 기대나 관심이 그 사람에게 좋은 영향을 미치는 효과를 말한다. 자신이 만든 조각상을 사랑한 피그말리온 신화에서 유래되었다.

对对方的积极的期待和关心给他带来好影响的效果。它来源于热爱自己雕塑的《Pigmalion》神话。

피드백 反馈 feedback

되먹임(순수 한국어), 어떤 일로 인해 일어난 결과가 다시 원인에 영향을 미치는 자동 제어 원리이다.

因某些事情产生的后果再次产生影响的自动控制原理。

피파 축구 게임 FIFA足球游戏 FIFA soccer

미국 EA가 제작한 스포츠 게임 시리즈로 매년 발표되고 있고, 1993년 처음으로 FIFA의 공식 라이선스를 받았다. 최근에는 FIFA 온라인은 주로 한국에서 인기가 있다.

美国EA制作的体育游戏系列每年都在发表,1993年首次获得FIFA的正式许可。最近国际足网络游戏在全世界范围内很受欢迎。

피해 伤害 damages

게임에서 상대를 타격했을 때 주는 피해량을 의미한다.

是指在游戏中攻击对方的时候所给的损失量。

핀볼 게임 弹珠游戏 pinball game

전자 게임 이전 시대에 나온 아케이드 게임 중의 하나로 보통 동전을 넣고 나오는 쇠구슬을 양쪽의 두 개의 버튼에 연결된 막대로 쳐올려서 높은 점수를 받고 플레이하는 게임이다. 핀볼머신(pinball machine)으로도 불린다.

这是电子游戏之前出现的"Acade"游戏之一,是将一般放入硬币的铁珠用连接在两侧两个按钮的杆子打上去,获得高分,进行比赛的游戏。成为pinball machine。

ㅍ

ㅎ

하드코어 核心部分 hardcore

장르를 불문하고 게임을 몰입해서 즐기는 게이머(캐주얼의 반대 의미).

不管是题材还是玩游戏,享受游戏乐趣的玩家(休闲的相反意思)。

하프 라이프(게임 이름) 半条命/半衰期 Half Life

밸브 코퍼레이션(Valve Corporation)의 처음 출시한 FPS 게임으로 1998년 시에라 스튜디오(Sierra Studio)가 발매하였다. 퀘이크 엔진(Quake Engine)을 수정한 GoldSrc 엔진을 사용하였고, 연구원 고든 프리맨(Gordon Freeman)을 주인공으로 하여 게임을 진행한다. 이 개발사의 주요 작품으로 는 포털(Portal) 1, 2가 있다.

Valve Corporation首次推出的FPS游戏,1998年由sierra Studio发行。使用了修改Quake Engine的GoldSrc引擎,以研究员Gordon Freeman为主人公进行游戏。该开发公司的主要作品有Portal1, 2。

할리우드 액션 好莱坞动作 Hollywood action

할리우드 영화에서 유래된 말로 과장된 행동의 표현을 의미한다. 스포츠에서 자주 사용되며, 게임에서의 애니메이션 연출에서도 사용된다.

来源于好莱坞电影中的话语, 是指以夸张的行为来表现出来。在运动中经常使用, 也用于游戏的动作中。

ㅎ

해킹 黑客 hacking

전자 회로나 컴퓨터의 하드웨어, 소프트웨어, 네트워크, 웹사이트 등 각종 정보 체계가 본래의 설계자나 관리자, 운영자가 의도하지 않은 동작을 일으키도록 하거나 체계 내에서 주어진 권한 이상으로 정보를 열람, 복제, 변경 가능하게 하는 행위를 광범위하게 이르는 말이다.

例如,电子电路、计算机硬件、软件、网络、网站等各种信息体系,使其在原有的设计者或管理者、运营者等意想不到的动作上,或在系统范围内提供权限以上的信息公开或复制、变更的行为。

핵심 게임 플레이 游戏核心玩法 core gameplay

게임의 가장 핵심이 되는 플레이를 의미하며, 게임 플레이어가 주인공 캐릭터를 조정하여 할 수 있는 주요한 행동을 의미한다.

是指游戏最核心的玩法,游戏玩家操控主人公,能够做的主要的行动。

핵심 메커닉 核心机制 core mechanic

게임에서의 핵심 메커닉은 게임 주인공이 가장 많이 하는 행동을 의미한다. 예를 들면, MMORPG의 경우 게임 캐릭터가 가장 많이 하는 행동은 걷고, 뛰고, 사냥하고, 채집하고, 전투하는 것, FPS의 경우 총을 쏘는 것을 의미한다.

游戏中的核心机制是指游戏主人公次数最多的行为。例如,MMORPG的情况是,游戏人物最多的行动就是行动。奔跑、打猎、进行战斗、射击游戏是开枪。

헤드 샷 爆头 head shot

주로 FPS 게임에서 총 등으로 상대방 또는 적의 머리를 쏘아 사살하는 것을 의미한다.

主要是在FPS游戏中用枪等工具射击对方或敌人的头部使其死亡。

헤일로(게임 이름) 光晕 Halo

2001년 번지 스튜디오가 개발하고 343 인더스트리가 관리하고 마이크로소프트 스튜디오가 소유한 SF 게임 시리즈이다.

这是2001年Bungie Studio开发,由343 Industry管理,Microsoft公司所有的SF游戏系列。

현지화 本土化 localization

게임 회사가 목표 시장으로 하는 현지의 언어, 문화, 관습, 환경 등을 고려하여 게임 상품이나 서비스를 변화시키는 과정. 게임의 중국 수출과 아랍지역 수출에서의 언어 표현과 문화, 관습적 표현이 달라져야 한다.

游戏公司考虑到目标市场当地的语言、文化、习惯和环境等各种因素而将游戏商品与服务进行改变的这个过程。游戏在中国出口与在阿拉伯出口的语言表现、文化与习惯表现都是不同的。

협력 合作、合力 cooperation

서로 힘을 합쳐 돕는다는 의미, 게임에서는 게임 개발 과정에서의 협력, 그리고 게임 플레이에서의 협력이 있다.

是指相互帮助, 在游戏中是指在游戏开发过程中的合作, 也在玩游戏的过程中的合作。

ㅎ

호기심 好奇心 curiosity

새롭고 신기한 것을 좋아하거나 모르는 것을 알고 싶어 하는 마음.

喜欢新奇的, 想要知道自己不知道的一起的心理。

화소 像素 pixel

이미지를 구성하는 최소 단위인 점을 뜻한다. 게임에서는 '도트'라고 부르기도 한다.

意为构成图片的最小单位的点。和像素相同的意思, 游戏中也称之为点。

확률 概率 probability

하나의 사건이 일어날 수 있는 가능성을 숫자로 나타낸 것. 동일한 원인에서 특정한 결과가 나오는 비율을 뜻한다.

以数字的形式来表现一件事发生的可能性。在相同的原因中出现特定的结果的比率。

환경 环境 environment

인간이나 동식물에게 영향을 미치는 자연적·사회적 조건으로, 자연환경, 생활환경, 사회환경, 인간환경 등이 있다.

能够对人类, 动植物造成影响的自然的, 社会的条件, 包括自然环境, 社会环境, 人类环境等。

횡 스크롤 横版游戏, 横版过关游戏 side scrolling

게임 플레이어가 게임을 마치 옆에서 보는 것 같은 화면구도를 말하며, 일명 사이드 뷰(side view) 게임이라고도 한다. 대표적인 게임으로는 슈퍼 마리오(Super Mario), 메탈 슬러그(Metal Slug) 게임이 있다.

游戏玩家指的是仿佛在旁边看游戏一样的画面构图,亦称Side View游

ㅎ

戏。代表性的游戏有超级马里奥(Super Mario),金属弹头(Metal Slug)游戏。

흥미로운 선택 有趣的选择 interesting choice

1989년 GDC(Game Developers Conference)에서 문명(Civlization)을 만든 시드 마이어(Sid Meiyer)가 게임이란 무엇인가라는 질문에 "게임은 흥미로운 선택의 연속(a game is a series of interesting choices)"이라고 말했고 이것은 게임의 하나의 정의가 되었다.

1989年Game Developers Conference中,对创造文明(Civlization)的Sid Meiyer游戏是一系列有趣的选择。

힌트 提示、暗示 hint

어떤 일을 해결하거나 문제를 푸는 데 단서 또는 실마리가 되는 것.

为了解决事情或者问题所提供的线索。

힐링, 치유 康复, 治疗 healing

몸이나 마음의 치유와 회복을 의미한다.

是指身体或心情的治疗与康复。

ㅎ

기타

1인칭 슈팅 게임 第一人称射击游戏 first person shooter

게임상의 주인공 캐릭터의 시점을 통해 이루어지는 슈팅 게임으로, 주로 다양한 무기(총기)와 제한된 탄약을 가지고 조준·발사 조작을 하는 게임을 의미한다. 최근에 온라인 게임으로 크게 인기를 끌고 있다.

通过游戏主人公角色的视角形成的射击类游戏，是指拥有多样的武器与弹药来进行瞄准与涉及的游戏。最近这样的线上游戏也广受欢迎。

1초당 프레임 수 每秒帧数 frames per second

디스플레이 장치(주로 컴퓨터 모니터)가 화면 하나의 데이터를 표시하는 속도를 말하며 프레임 속도, 프레임율(率)이라고도 한다. 1초 동안 보여지는 화면의 수로, 약어로 fps라고 표기한다. 보통 눈의 잔상을 이용해서 표시하기 때문에 1초에 24~30번 이상이 필요하나, 부드러운 표시를 위해서 1초에 60~120번의 프레임을 표시하기도 한다.

显示器显示屏是指显示显示一个画面的数据的速度，也是边框速度和框架。用1秒钟的画面标注的画面缩写为fps。通常用眼睛的残像标记，1秒钟需要24~30次，但为了标示柔软的标识，为了表现柔和，每秒会表示60~120次帧数。

2D(투디) 2D 2D

2D는 2차원 컴퓨터그래픽스의 줄임말로 X축과 Y축으로 이루어진 평면 공간에서 컴퓨터를 이용해 구현된 디지털 이미지 또는 이를 구현하는 기술과 제작 과정을 의미한다.

2D是2D电脑图形的缩略语，是指用X轴兴Y轴组成的平面空间，用电脑体现实现的数字形象或体现其技术的技术和制作过程。

기타

3인칭 시점 第三人称视角

third person view

게임을 바라보는 시점이 1인칭이냐 3인칭이냐에 따라 구분되는데, 관찰자 시점으로 사건이 일어난 현장이 전체적으로 제공되는 시점을 3인칭 시점이라고 한다. 최근에는 1인칭 슈팅 게임에서도 3인칭 시점을 제공하기도 한다.

观看游戏的时间根据第一人称和第三人称区分,第三人称的时间是观察者视角,在可以全面看到事件发生现场的第三人称时,提供的画面是第三人称。最近,在第一人称射击游戏中也提供了第三人称的时间。

3D(쓰리디) 3D

3D

3D는 3차원 그래픽스의 줄임말로, X축, Y축, Z축으로 이루어진 3차원 입체 공간에서 컴퓨터를 이용해 구현된 디지털 이미지 또는 이를 구현하는 기술과 제작 과정을 의미한다.

3D是3D图形的缩略语,指的是以X轴、Y轴、Z轴组成的3D立体空间,体现出实现数字化的数码形象或体现其技术的技术和制作过程。

ARPPU 用户平均收入ARPPU: 平均每付费用户收入

ARPPU [Average Revenue Per User]

지불 이용자 1명당 한 달에 결제하는 평균 금액을 산정한 수치. 부분 유료 게임의 수익 지표로 활용된다.

计算出的支付用户一人一个月的结算的金额, 这将成为部分有偿游戏的收入指标。

DDR(게임 이름) 跳舞机劲舞革命(游戏名称)

Dance Dance Revolution

일본 코나미에서 만든 아케이드 게임기로, 바닥에 있는 +자 모양의 발판을 음악의 리듬에 맞추어 밟으면서 하는 게임기기.

日本KONAMI公司生产的街机游戏机，根据音乐节奏踩踏在地板上的+模样的踏板的游戏机。

e스포츠 电子竞技

e-Sports

e스포츠는 컴퓨터 통신이나 인터넷 등을 통해서 온라인상으로 이루어지는 게임을 통틀어 이르는 말이다. 대한민국 e스포츠(전자스포츠) 진흥에 관한 법률에 따르면, "e스포츠"란 「게임산업진흥에 관한 법률」 제2조제1호 "게임물"에 따른 게임물을 매개(媒介)로 하여 사람과 사람 간에 기록 또는 승부를 겨루는 경기 및 부대 활동을 말한다. 사이버 스포츠(Cyber Sports)라고도 한다.

电子竞技是通过电脑通信或者网络等形成的线上游戏。根据韩国体育(电子竞技)振兴相关的法律,"这项运动"指的是"关于游戏产业振兴相关法律"第2条第1号"游戏物",并以此为媒介进行游戏,与人之间进行记录或角逐的比赛。也叫做网络运动。

EA(미국 게임 회사) 美国艺电公司

Electronic Arts

1982년에 설립된 미국의 대형 게임 개발 및 유통업체이다. 주로 스포츠 게임을 전문적으로 개발하고 있고, 심시티와 심즈 시리즈도 유통하고 있다.

1982年成立的美国的大型游戏开发及流通行业，主要专门开发运动游戏，流通模拟城市和模拟人生系列。

ESRB 娱乐软件分级委员会 ESRB

Entertainment Software Rating Board의 약자로 미국과 캐나다에서 사용되는 오락물의 심의 체계로 어린이용에서 미성년자 사용 불가까지 7가지 등급이 있다.

作为Entertainment Software Rating Board的缩写,美国和加拿大使用的娱乐品的审议体系,从儿童用到未成年人不可使用的7个等级。

GPS 卫星定位全球定位系统 GPS

전(全) 지구 위치 파악 시스템. 인공위성을 이용하여 이용자의 위치를 파악하는 시스템을 의미하며, 자동차 내비게이션, 지도 앱, 게임 등에서도 사용된다.

掌握全球位置的系统, 是指利用人工卫星来掌握使用者位置的系统。在汽车导航、地图APP和游戏中使用。

GTA (게임 이름) 侠盗猎车手 Grand Theft Auto

스코틀랜드의 록스타 노스가 개발한 게임 시리즈로 1997년도 첫 번째 게임이 출시되고 2015년 5탄이 발매되었다. 이 게임에서 플레이어는 대도시의 범죄자 역을 맡아 대개 조직화된 범죄의 단계를 경험하게 된다. 주인공이 게임을 완료하려면 다양한 임무를 수행해야 하는데, 주인공은 대개 범죄자로서 줄거리를 따라 암살이나 다른 범죄들을 극복하고 보상을 받는 식이다. 게임 안에서 주인공은 택시 운전, 화재 진화, 뚜쟁이질, 길거리 레이싱, 비행기 운전 등 주요 미션과 관계없는 미션도 많아 자유도가 높고, 범죄의 폭력성으로 유명한 게임 중의 하나이다.

斯科特兰的摇滚明星开发出的游戏系列,在1997年推出了第一个游戏,2015年推出了第5部。在这场游戏中,游戏玩家将扮演大城市的犯罪嫌疑人,通常会经历组织化的犯罪阶段。主人公要想完成游戏,就要完成多种任务,主人公通常是根据罪犯的故事,克服暗杀或其他犯罪行为,获得补偿。在游戏中可以驾驶、射击、放火等多种活动。这是一场自由度高,犯罪暴力性极高的游戏。

IDC, 인터넷 데이터 센터 网络数据中心 IDC [Internet Data Center]

인터넷 데이터 센터(Internet Data Center)의 준말로 서버 컴퓨터와 네트워크 회선 등을 제공하는 시설로, 서버를 한데 모아 집중시킬 필요가 있을 때 설립한다.

网络数据中心(Internet Data Center)的缩略语是提供服务器电脑和网络线路等的设施,需要集中服务器集中注意力。

MDA 프레임워크 机制动态美学架构 MDA framework

게임 디자인의 방법론 중의 하나로, 게임 플레이어는 메커닉스(mechanics), 다이내믹스(dynamics), 게임 미학(aesthetics) 과정을 통해 게임을 경험하므로 반대로 게임 개발자는 게임 플레이어에게 전달한 감정을 설계하고, 그런 느낌을 받으려면 어떤 다이내믹스가 필요한지, 그것을 체험하려면 어떤 규칙과 시스템이 필요한지를 설계해야 한다는 게임 디자인 도구 중의 하나이다.

游戏设计的方法论之一是游戏核心规则(mechanics)、游戏力学(dynamics)、游戏美学(aesthetics),游戏开发者可以感受到游戏玩家传达的感情,如果想要感受到那种感觉,需要什么样的动力,体验它需要什么样的规则和系统,是游戏设计工具之一。

MMOG 大型多人在线游戏 MMOG

Massively Multiplayer Online Game의 약자. 대규모 다중 사용자 온라인

게임.

是指大规模的多名玩家在线的游戏。

MMORPG 大型多人在线角色扮演游戏

Massively Multiplayer Online Role-Playing Game

대규모 다중 사용자 온라인 롤 플레잉 게임(Massive Multiplayer Online Role Playing Game)의 줄임말이다.

这是大型多用途用户网络游戏(Massive Multiplayer Online Role Playing Game)的缩略语。

MOD 游戏模组

MOD(Modification)

이미 출시된 게임의 내부 데이터를 유저가 수정해서 새롭게 만들어낸 게임. '모드(MOD)'는 이미 완성되어 출시된 게임의 내부 소스코드(source code)나 데이터를 유저가 직접 수정해서 만든 '유저 제작 게임'을 말한다.

用户修正已上市的游戏内部数据,是指用户亲自修改后推出的游戏内部源代码(source code)或用户亲自修改后制成的"用户制作游戏"。

NPC 非玩家控制角色

Non Playable Character

게임 안에서 플레이어가 직접 조종할 수 없는 캐릭터로 플레이어에게 게임 진행 안내, 퀘스트 안내 등을 제공하는 캐릭터이다.

在游戏中,玩家不会亲自操作,而是向玩家提供游戏解说、导游组向导等角色。

PC게임 PC端游戏 PC game

개인용 컴퓨터에 설치하여 게임을 플레이하는 게임 등을 총칭하여 이르는 말. 역사적으로 아케이드 게임에서 PC 게임으로, 그 이후 온라인 게임에서 모바일 게임으로 발전하고 있다.

在个人电脑上设置的游戏等统称,从历史上看,从"Acade游戏"发展到电脑游戏,之后从网络游戏发展到移动游戏。

PK 对战 Player Killing

온라인 게임상에서 다른 플레이어를 죽이는 행동, 또는 죽이는 사람(Killer). 어떤 게임에서는 PK가 허용되기도 하고, 그렇지 않을 수도 있다.

在线上游戏中杀死其他玩家的行为, 或者杀死其他的人。在一些游戏中允许PK, 但是在某些游戏中是不允许的。

PVP 玩家对战玩家、PK路线 PVP [Player vs. Player]

플레이어 대 플레이어의 약자로 플레이어와 환경(player vs. environment)의 상대적 표현으로 플레이어의 캐릭터가 다른 플레이어가 조작하는 캐릭터와 대적하는 행동을 의미한다.

作为"玩家对玩家"的缩写,用"玩家"和"环境(player vs. environment)"的相对表现来表示,"玩家"与不同角色操作的"角色"对抗。

SW를 설치하다 安装、安置 install

컴퓨터에 프로그램 소프트웨어를 설치하다.

在电脑上设置程序或者软件。

Warcraft(게임 이름) 魔兽争霸(魔兽世界) Warcraft

워크래프트(Warcraft)는 블리자드 엔터테인먼트가 1994년 제작 출시한 비디오 게임 타이틀이다. 이 시리즈는 〈워크래프트: 오크와 인간〉, 〈워크래프트 II: 타이드 오브 다크니스〉, 〈워크래프트 III: 레인 오브 카오스〉, 〈월드 오브 워크래프트〉, 〈하스스톤: 워크래프트의 영웅들〉 총 5가지 핵심 게임으로 구성되어 있다. 가장 먼저 발표한 세 개의 게임은 실시간 전략 시뮬레이션 컴퓨터 게임이며, 네 번째 게임은 MMORPG이다. 가장 최근에 발매된 〈하스스톤〉은 디지털 카드 수집 게임이다.

Warcraft暴雪娱乐公司(Blizzard Entertainment)娱乐公司1994年制作的视频游戏头衔。

WASD 키 WASD键 键盘里上下左右键 WASD keys

게임 내에서 캐릭터를 조정할 때, 키보드의 WSAD(상, 하, 좌, 우)를 이용하여 방향을 조정한다.

通常在第一人称和第三人称射击游戏中, WASD键被设计为角色的前后左右键。

Wii(위) 任天堂推出的一款家用游戏机 Wii

일본 닌텐도에서 만든 체감형 가정용 게임기로 2006년 발매되었고, 위 리모콘과 눈차크라는 조정기를 통해 게임을 조작한다. 운동량이 많은 Wii Sports는 큰 인기를 끌고 있다.

日本任天堂公司所开发的体家用体感游戏机, 在2006发售。利用Wii remote controller和Nunchuk玩游戏。运动量很大的Wii Sports吸引着很大的人气。

기타

WOW 魔兽世界 World of Warcfaft Online

블리자드엔터테인먼트사에서 2009년 출시한 MMORPG 중에 하나로, Warcraft 세계관을 바탕으로 하는 게임이다. 현재까지 가장 성공한 MMORPG 중의 하나이다.

雪暴娱乐公司2009年发售的MMORPG之一,是以Warcraft世界观为基础的游戏,是目前为止最成功的MMORPG中之一。

기타

2 게임 그래픽 프로그래밍

일러두기

1. 이 책은 1부 게임 디자인 편, 2부 게임 프로그래밍 편으로 나누어 자신의 전공과 관심 용어에 따라 찾아보기 쉽게 구성했다.
2. 이 책은 저자가 중국에서 게임학을 가르치면서 많이 사용되지만 번역하기 어려운 용어를 선별하여, 하나씩 찾아보다 보면 저절로 게임학을 이해할 수 있도록 구성했다.
3. 가령, 경쟁이라는 한글 용어를 찾으면 쉽게 중국어 간체로 경쟁(竞争)이라고 번역할 수는 있지만, 게임학에서의 그 의미를 깊이 이해할 수는 없다. 이 책에서는 게임학에서 필요한 의미를 해석했으며, 그 의미 안에 새로운 용어가 나오면 책 안에서 쉽게 찾아볼 수 있도록 구성했다.
4. 게임의 역사에 자주 나오는 게임 회사와 게임 이름인 고유명사들도 중국식으로 번역했다.
5. 게임 그래픽 분야는 대부분이 게임 디자인 및 게임 프로그래밍 분야와 중복되어 별도의 장을 만들지 않았다.
6. 이해하기 쉽도록 한글 용어의 우측에 영어 표현도 병기했다[예: 매슬로우의 욕구 단계(Maslow's hierarchy of needs)].

ㄱ

가베지 콜렉션 垃圾回收 garbage collection

컴퓨터 언어에 따라 사용한 자료 및 자료구조를 동적 생성하고 사용하지 않을 때 자동적으로 회수하는 방법 및 절차.

根据计算机语言不同, 不使用和生成动态资料及资料结构的时候, 自动回收的方法及步骤。

가상함수 虚函数 virtual function

자식 클래스에서 새로운 기능을 부여할 수 있는 함수. 오버라이딩이 가능한 함수라는 의미.

在子类中赋予新功能的函数。就是指可以overriding的函数。

가상현실 虚拟现实 Virtual Reality

컴퓨터 그래픽을 이용해 가상의 3D공간을 묘사하는 방법. 컴퓨터 그래픽 및 디스플레이의 발달로 오락, 시뮬레이션, 교육 등의 용도로 사용된다.

利用计算机的图像, 描绘虚拟的3D空间的方法。电脑图像及显示屏的发展, 使其用在娱乐、模拟、教育等多种用途上。

가속도 加速度 acceleration

시간에 따라 속도가 변하는 정도를 나타내는 물리량이다. 일반적으로 물체는 속력이나 운동방향이 바뀌면서 속도가 변하는데, 이와 같이 속도가 시간에 따라 변할 때 가속도가 있다고 한다. 게임에서는 물체의 이동속도 또는 방향을 전체 시간/프레임에 따라 변화시키는 것을 말한다. 가속도는 속력의 미분값이다.

速度变化量与发生这一变化所用时间的比值。一般情况下，物体的速度或者运动方向变换的时候，速度就会变。于此相同，速度随着时间变化的时候就有了加速度。在游戏中，物体的移动速度或者方向就会根据整体时间、帧的变化而变化。

가속도계 加速规 accelerometer

물체의 가속도 물리량을 측정하는 장치이다. 단위는 G 값으로 나타내며, 센서에 따라 다양한 범위를 가진다. 가속도계에 쓰이는 센서는 이동하는 물체의 가속도나 충격의 세기를 측정하는 센서이다. 이를 이용하면 휴대폰의 기울기를 측정할 수 있다.

测定物体加速度物理量的装置。单位用G 表示，根据传感器的不同具有多样的范围。加速度计使用的传感器是测定移动物体加速度或冲击强度的传感器。利用这一原理可以测定手机的倾斜度。

강체 刚体 rigid bod

물리학에서 형태가 고정되어 변하지 않는 물체를 가리킨다. 게임 물리엔진에서는 모든 것이 기하학적 가상의 물체이므로 찌그러지지 않는 강체로 표현할 수 있다.

在物理学中，指的是形态固定不变的物体。在游戏物理引擎中，所有的物体都是几何形虚拟物体，因此可以用不变形的刚体表现。

개발환경 集成开发环境 development environment

프로그램 개발을 쉽게 하기 위한 통합개발 환경 또는 에디터를 말한다. C++의 경우 비주얼 스튜디오를 생각하면 된다.

为了简单地进行编程的开发, 合并开发环境或者编辑器。想象成是 C++ 的 Visual Studio 就可以。

객체지향 프로그래밍 面向对象程序设计 object oriented programming

변수와 함수를 통합한 클래스의 개념을 이용하여 프로그램을 설계하는 방식을 말한다. 객체에는 변수에 해당하는 property와 함수에 해당하는 method가 있다. 또한 객체에 상속 및 template 개념을 부여하기도 한다.

这是指利用变量和函数合并起来的类的概念来进行编程设计。对象中有相当于变量的property和相当于函数的method。另外,赋予了对象继承及template的概念。

검색 搜索算法 search

컴퓨터를 이용하여 특정 값을 검색할 때의 알고리즘을 말한다. 순차검색, 2진검색 등이 있다. 빠른 검색을 위해서는 데이터의 정렬이나 인덱스가 필요하다.

这是指利用计算机做特定值搜索时的算法。有顺序查找、二分查找等。为了快速搜索, 需要数据的排序和索引。

고정소수점 不动点定理 fixed point

소수점 이하의 최대 단위가 정해진 방식의 연산방법. 계산속도가 빠르고 간단하지만 부동소수점이 보편화되어 현재는 잘 사용하지 않는다.

确定小数点以后最大单位方式的演算方法。运算速度虽然很快且简单, 但由于浮点数的普及,所以现在不会使用。

곡선 曲线

curve

연속된 점들의 집합이다. 수학적 정의로는 직선을 포함하나 일반적으로는 직선으로 이루어지지 않은 선을 말한다.

连续不断的点集合。按照数学上的定义是包括直线的, 但一般是指不形成直线的线。

공개키 암호 公开密钥加密

public-key cryptography

RSA와 같이 비대칭 암호를 구현하는 방식이다. 공개 키 암호 방식에서는 공개 키와 비밀 키가 존재하며, 공개 키는 누구나 알 수 있지만 그에 대응하는 비밀 키는 키의 소유자만이 알 수 있어야 한다.

与RSA一样实现非对称性的加密方式。在公开密钥加密方式中, 存在公开和秘密钥匙两种, 公开钥匙任何人都能知道, 但是秘密钥匙只有钥匙所有者才知道。

공용체 / 유니언 联合

union

하나의 공간에 여러 개의 구조체를 만드는 방법. 공간이 하나이므로 실제 저장되는 자료는 한 가지이나 읽는 방법이 달라질 수 있다.

在一个空间里制作多个结构体的方法。因为只有一个空间, 所以实际储存的资料只有一个, 但阅读方法会有所不同。

공전 公转

orbit

물체가 외부의 어떤 중심점을 축으로 회전하는 것.

物体以外部的某个中心为轴旋转。

광원 光源 light source

컴퓨터 그래픽에서 빛을 시뮬레이션하는 방법. directional, point, ambient, spot 등의 광원을 설정할 수 있다.

在电脑绘图上模拟光线的方法。可以设定 directional, point, ambient, spot 等的光源。

광학 문자 인식 / OCR 光学字符识别 Optical Character Recognition

사람이 쓰거나 기계로 인쇄한 문자/문장의 이미지를 컴퓨터 코드인 텍스트로 변환하는 것.

把人手写或者用机器印刷的文字、文章的图像转换为计算机代码的 text。

구조체/자료구조 数据结构 structure/data structure

전산학에서 자료를 효율적으로 이용할 수 있도록 컴퓨터에 저장하는 방법이다. 신중히 선택한 자료구조는 보다 효율적인 알고리즘을 사용할 수 있게 한다. 이러한 자료구조의 선택문제는 대개 추상자료형의 선택으로부터 시작하는 경우가 많다. 효과적으로 설계된 자료구조는 실행시간 혹은 메모리 용량과 같은 자원을 최소한으로 사용하면서 연산을 수행하도록 해준다.

在电算学中, 尽可能有效的利用资料并存储到计算机的方法。比起慎重的选择数据结构, 这使算法得以更有效的使用。这种资料结构的选择大多是从抽象资料型选出的。有效设计的材料结构, 实时或者与内存容量一样使用最小化资源的同时进行演算。

그래프 알고리즘 图论 graph theory

그래프(graph)는 일부 객체들의 쌍들이 서로 연관된 객체의 집합을 이루는 구조이다. 몇 개의 꼭짓점들과 그 사이를 잇는 변들로 구성된 조합구조이다.

图表(graph)是部分客体相互关联的对象相结合的结构。若干给定的点及连接两点的线所构成的图形。

그래픽카드 显卡 video card

이미지를 디스플레이 장치로 출력하는 컴퓨터 하드웨어의 부품이자 확장 카드이다.

展示和输出图像的设备, 计算机硬盘的配件, 也是扩展卡。

근사코드 伪代码 pseudo code

프로그램을 작성할 때 각 모듈이 작동하는 논리를 표현하기 위한 언어이다. 특정 프로그래밍 언어의 문법에 따라 쓰인 것이 아니라, 일반적인 언어로 코드를 흉내 내어 알고리즘을 써놓은 코드를 말한다.

在编程时, 为了表现各模块运转的逻辑的语言。不是按照特定编程语言的语法写的, 而是用普通的语言模仿代码写算法的代码。

기계학습 机器学习 machine learning

인공지능의 한 분야로, 컴퓨터가 학습할 수 있도록 하는 알고리즘과 기술을 개발하는 분야를 말한다. 최근에는 신경망을 이용하여 스스로 학습하는 딥러닝(deep learning)이 인기이다.

作为人工智能的一个领域, 是指能让电脑学习的算法和开发技术的领域。最近利用神经网自学的deep learning很受欢迎。

기본값 缺省值 default value

자료형, 객체 등에서 기본적으로 가지게 되는 값. 언어에 따라 다르지만 주로 0 또는 null 등의 값이 초기값으로 주어진다.

数据类型、对象等具有的最基本的值。虽然根据语言不用而不一样, 但主要是由0或者null 等的值作为初始值。

길 찾기 알고리즘 寻路 path finding

소프트웨어적으로 주어진 지도에서 목표지점에 도달하기 위한 길 찾는 방법에 대한 검색 알고리즘. A*가 많이 사용되나 다양한 모델링을 만들 수 있다.

软件上, 为了到达给定地图的目的地, 寻找路径的方法的搜索算法。A*使用较多, 可以制作很多模型。

깊이버퍼 深度缓冲 z-buffering

3차원 그래픽스의 이미지 심도 좌표 관리 방식이며, 일반적으로는 하드웨어적으로 처리되나 소프트웨어로 처리할 수도 있다. 여러 물체를 렌더링할 때 픽셀 단위의 앞뒤의 위치를 결정하는 방법이다.

3D图形的图像深度坐标管理的方式。一般情况下可以用硬件和软件来处理。渲染各种物体的时候, 决定每个像素单位的前后位置的方法。

꼭짓점 정점 vertex, vertice

컴퓨터 그래픽에서 2차원 또는 3차원 좌표를 나타내는 구조체를 말한다.
指的是在电脑绘图上显示2D或三D坐标的结构。

L

ㄴ

난독화 代码混淆 obfuscation

코드 난독화는 프로그래밍 언어로 작성된 코드에 대해 읽기 어렵게 만드는 작업이다. 프로그램에서 사용된 아이디어나 알고리즘, 코드, 데이터 등을 숨기는 것 등이 있다.

用代码混淆的编程语言来编译代码，使其难于阅读和理解的形式的行为。这是为了让程序里使用的思维、算法、代码、数据等隐藏起来。

난반사 漫反射光 diffuse reflection

물체의 재질을 표현하는 방법으로 표면에 비추어진 빛이 모든 방향으로 고르게 반사되는 것을 말한다. Specular 반사가 금속이나 유리같이 매끄러운 표면을 나타낼 수 있듯, 빛을 난반사하는 표면은 미세하게 울퉁불퉁하거나 부드러운 표면의 느낌을 준다.

表示物体材质的方法是指将表面的光线均匀反射到所有方向。就像Specular反射能发出金属或玻璃等光滑表面一样，散射光线的表面有细微的凹凸不平或柔和的表面感觉。

난수 随机数 random number

알고리즘에 의해 생성할 때마다 무작위의 숫자가 발생되는 숫자생성 방식. 주사위의 예와 같다.

每次根据算法生成的时候产生随机数字的数字生成方式，与掷骰子一样。

널 문자/널 포인터 空字符 null

포인터에서 특수 목적을 위해 사용되는 값. 주로 0을 의미하며 메모리 할당이 안 돼 있거나 초기화가 안 되었음을 의미한다.

在点上用于特殊目的的值。主要指的是0,意味着未能做到存储分配或初始化。

널값 참조 空引用异常 null reference

주소 참조 오류의 한 가지 형태. 널(null)은 주로 비어 있거나 할당되지 않는 장소를 말한다. 실수로 이곳을 참조하면 에러가 발생한다.

地址参照错误的一种形态。Null主要是指空或未指定的场所。由于失误而参照了此处就会发生错误。

논리대수 逻辑代数 boolean algebra

논리대수. True / False의 값을 가지며 논리합, 논리곱, 반전, 배타적 논리합 등이 있다.

逻辑代数, 带有True / False的值, 分为与逻辑和乘法、或逻辑和加法、反演、异或等。

논리연산 位操作 boolean operation / bit operation

한 개 혹은 두 개의 이진수에 대해 비트 단위로 적용되는 연산이다. NOT, OR, AND, XOR와 이것의 조합이 있다.

一个或者两个的二进制数采用比特单位的运算。有与NOT, OR, AND, XOR的组合。

ㄷ

대입 指定叙述 assignment

변수에 어떤 값을 집어넣는 작업. 컴퓨터 언어의 가장 기본적인 작동방법의 하나이다.

在变量中加入某个值的做法。计算机语言中最基本的运作方法之一。

대칭 对称 symetric

어떤 구조나 형태가 좌우 또는 상하를 기준으로 동일하게 반대로 나타나는 것을 말한다. 점대칭, 선대칭, 면대칭이 있다.

某种结构或形态是指以左右或上下为基准,以同样的形式出现。有点对称、轴对称和面对称。

대칭키암호 对称密钥加密 symmetric-key algorithm

암호화와 복호화에 사용되는 키가 같은 암호방식. 비트값의 위치이동, 반전 등이 주요 알고리즘이며 속도가 빠르고 키의 크기가 상대적으로 작다.

加密和解密时使用同样的密钥的方式。bit的位置移动、反转等主要的算法,速度快,密钥大小相对较小。

데이터베이스 数据库 database

컴퓨터와 소프트웨어를 이용하여 통합 관리되는 정보의 집합이다. 논리적으로 연관된 하나 이상의 자료의 모음으로 그 내용을 구조화하여 내용의 검색과 갱신의 효율화를 추구한 것이다. 몇 개의 자료파일을 조직적으로 통합하고 인덱스를 만들어 자료 항목의 중복을 피할 수 있으며 검색을 효율화한다. 검색언어 및 다양한 관리 툴을 제공한다.

这是利用电脑和软件进行综合管理的信息集。其目的在于通过理论上的相关资料收集,将其内容结构化,追求内容的搜索和更新的效率。有组织地整合几个数据文件,制作数字指数,避免数据的重复,从而使搜索效率变得更高。提供搜索语言及各种管理工具。

ㄷ

델타타임 增量时间 delta time

이전 프레임(frame)과 현재 프레임 사이의 지나간 시간.

前一帧与当下帧之间相差的时间。

동영상 视频 movie clip

영화처럼 프레임 단위의 영상과 소리를 모아놓은 파일이다. MPEG 형식에 의거해 다양한 규격이 존재한다.

集合像电影一样框架单位的影像和声音的文件。存在着以 MPEG形式为基础的多种规格。

동적할당 动态内动态内存分配 dynamic allocaton

C/C++/C# 등의 언어에서 프로그램 진행에 필요한 메모리를 필요할 때 요청하여 사용하는 방식을 말한다. 사용이 끝난 메모리는 회수하여 재사용할 수 있게 한다.

在C/C++/C#等语言中,程序运行时要根据需要从系统中动态多地获得内存空间的方式。使用完毕后可回收使用。

ㄷ

드롭다운 메뉴 下拉式菜单 drop down menu

평소에는 입력 필드처럼 작용하나 드롭(drop) 버튼을 누르면 리스트 뷰가 나타나 선택할 수 있게 해주는 UI. 리스트 뷰의 다른 형태라고 볼 수 있다.

| 平时像输入区域一样发挥作用，但只要按下drop键，就可以出现list-view，进行选择的UI。可以说这是Listview的不同形态。

디버깅 调试 debugging

프로그램의 문법적인 오류 및 실행에서 나타나는 동작의 오류를 찾아내어 제거하는 작업.

| 找出程序的语法错误及执行中出现的动作失误，并去除错误的作业。

디지타이저 / 태블릿 数码绘图板 digitizer / graphic tablet

컴퓨터 그래픽에 사용되는 외부장치. 주로 회화의 영역에서 마우스를 대신하여 정밀한 스케치 등을 가능하게 한다. 펜 형태의 디바이스를 이용하여 정밀하게 위치를 인식하므로 드로잉 영역에서 많이 사용된다.

| 用于电脑绘图的外部装置。主要在绘画领域，可以代替鼠标进行精密的素描等。利用笔形的设备精确地识别位置，因此在绘画领域使用很多。

디지털 서명 数字签名 digital sign

소프트웨어 및 데이터의 내용이 변경되지 않음을 증명하기 위해 행하는 검증을 위한 부가적인 작업.

| 为了证明软件及数据的内容不变更而进行的附加工作。

딥러닝 深度学习 deep learning

인공지능의 한 가지 형태. 신경회로(人工神经网络)라는 방식을 이용하여 원하는 상황을 학습한 뒤 이를 이용하여 문제를 해결하는 방법.

人工智能的一种形态。即利用人工神经网络的方式学习想要的状况后，利用此方法解决问题的方法。

2

ㄹ

라디안 弧度 radian

각도를 표시하는 방법으로 1회전을 360도로 표하는 방식에서 벗어나 1회전을 2π로 계산하는 방식이다. 이것은 반지름이 1인 호의 거리를 이용하여 각도를 표시한다. 따라서 360도는 2배의 π가 된다.

用表示角度的方式，从旋转一周360度的方式中脱离出来，用一周等于2π的计算方式表达。这是半径使用1单位弧长的距离来表示角度。所以360度就用2π来表示了。

라디오버튼 选择钮 radio button

UI의 기본적인 요소 중 하나. 여러 가지 선택이 하나의 그룹을 이루고 있고 그 중에 한 개만을 선택할 수 있는 메뉴.

UI基本要素之一。各种选择组成一个集合，其中只能选择一个的菜单。

라이브러리 库 library

프로그래밍에 필요한 여러 가지 자원을 모아놓은 것. 주로 다시 만들 필요가 없는 기본적인 함수들 그리고 기본 아이콘 등과 같은 리소스를 포함한다.

也就是说，收集了程序中所需的各种资源。主要包括没有必要重新制作的基本函数以及基本标志等类似的资源。

라이트맵 光照图，光线映射 lightmap

물체의 표면에 복잡한 반사광이나 그림자 등이 있는 경우 사실적 느낌을 줄 수 있다. 이것을 실시간으로 처리하는 것은 시간이 많이 걸리기 때문에 미리 물체의 표면에 사용될 광원효과가 포함된 텍스처를 만들어 둔다. 이것을 라이트맵이라고 한다.

物体的表面形成复杂的光反射和影子等，给人以现实的感觉。这是实时处理的方法，需要的时间较长，所以提前制作在物体表面上使用到的光源效果的texture。这叫做 lightmap。

라즈베리파이 树莓派 Raspberry pi

영국의 라즈베리파이재단이 학교와 개발도상국에서 기초 컴퓨터 과학의 교육을 증진시키기 위해 개발한 신용카드 크기의 싱글보드 컴퓨터이다. 32비트 CPU와 비디오 장치를 내장하여 고성능 IoT 디바이스를 개발하기 좋다.

英国的树莓派财团是在学校和发展中国家为增进基础计算机科学教育而开发的信用卡大小的单一版电脑。安装了32位的CPU和录像装置，开发高性能IoT设备。

래그돌 布娃娃物理系统 ragdoll physics

인체의 모델링에 골격 데이터를 지정하여 애니메이션이 가능하게 설정한 뒤, 물리엔진을 적용한 형태. 주로 사실적으로 죽는 장면을 연출하기 위한 용도로 사용된다.

在人体的模型上指定骨骼数据，设定可进行动画后，再应用物理引擎的形态。主要用于演出现实死亡场面。

레이 트레이스, 광선 추적 光线追踪 ray trace

가상적인 광선이 물체의 표면에서 반사되어, 카메라를 거쳐 다시 돌아오는 경로를 계산하는 반사 과정을 말한다. 영상을 쉽게 할 수 있고, 이를 위해서 많은 계산이 필요하기 때문에 렌더링 속도가 오래 걸릴 수 있다.

虚拟的光线在物体表面发生反射,计算通过摄像机并重新返回的路径就是反射过程。影像可以轻松的做出来,为此需要很多计算,所以渲染速度会变慢,渲染时间较长。

ㄹ

레코드 / 튜플 值组 record / tuple

관계형 데이터베이스에서 자료목록의 1행을 이루는 부분이다. 즉 하나의 데이터 집합을 말한다.

这是在有关联系型数据库中的数据目录中的一个环节。即指一个数据集。

렌더링 渲染 rendering

컴퓨터 프로그램을 사용하여 2D 모델 또는 이들을 모아놓은 장면인 신(scene)으로부터 최종 영상을 만들어내는 과정.

用计算机编程制作2D模型或收集这些的场面(scene),从而制作成最终影像的过程。

로딩 加载 loading

외부기억장치 또는 파일에 있는 내용을 프로그램에서 사용하기 위해 메모리로 가지고 오는 작업.

为了在程序中使用外部记忆装置或文件中的内容而使用存储器来进行的作业。

루아 LUA

LUA

루아(LUA)는 적은 용량의 스크립팅 언어이다. "달"을 의미하는 포르투갈어 단어이다. 게임의 이벤트를 처리하기 적합하다.

LUA是容量较小的脚本语言。是表示"月亮"的葡萄牙语单词。适合处理游戏的活动。

ㄹ

리눅스 Linux

Linux

Unix 운영체제를 모방해서 만든 오픈 소스 운영체제(OS)이다. 특히 서버에서 시장 점유율이 매우 높다.

这是模仿Unix操作系统制作的开放源代码操作系统(OS)。尤其是在服务器上的市场占有率非常高。

리스트 뷰 列表控件

listview

UI의 기본적인 요소 중 하나. 여러 가지 선택 가능한 문자열 또는 이미지를 넣고 상하좌우로 이동하여 선택하게 하는 메뉴.

UI基本要素之一。加入可选择的字符串或图片, 上下左右移动选择的菜单。

링크 链接

link

소스코드를 컴파일 한 뒤 만들어진 목적코드(Obj)를 합쳐 실행파일 또는 라이브러리로 변환하는 과정.

源代码编译后制定的目标代码加起来转换成执行文件或库的过程。

마찰력 摩擦力 friction

물체와 물체가 서로 접촉하여 서로의 이동을 방해하는 힘.

物体与物体之间相互接触而妨碍相互移动的力。

메뉴 菜单 menu

게임 또는 일반 프로그램에서 사용자가 선택할 수 있는 목록을 말한다.

在游戏或者普通编程中,使用者可以选择的目录。

메모리 电脑存储器 memory

컴퓨터 구조에서 CPU가 직접 명령을 이용해서 접근할 수 있는 주기억장치. HDD나 USB와는 다르다.

电脑构造中CPU可直接使用的主存储器。HDD及 USB不同。

명도 明度 brightness/value

게임 화면에서 각각의 픽셀이 표현하는 색의 요소 중 밝기에 해당하는 요소이다. 광량과 관계가 있다. 컬러 픽셀을 흑백으로 변환할 때 명도를 계산하여 같은 명도의 흑백 계통으로 전환한다.

在游戏画面中表现各个像素的色彩要素中, 调节亮度的要素。与光亮有关系。颜色像素变化成黑白的时候, 与计算亮度一样转化成为明度的黑白系统。

명령어 命令

command

컴퓨터 언어에서 가장 기초적인 특정한 기능을 말한다. C/C++에서는 명령어의 숫자를 작게 하여 분기, 반복, 대입에 관련한 소수의 명령어가 존재한다.

计算机语言中最基础的特定功能。C/C++是将命令语数成一片的数字,存在于分支、循环、带入中少数的命令语。

모듈 模块

module

컴퓨터 부품을 기능별로 모아 하나의 기판으로 만든 것이다. 아듀이노의 경우 센서를 모듈로 만들어 필요할 때 쉽게 사용이 가능하다.

就是将计算机零件按不同功能制成的一个基板。Arduino单片机是用传感器模块制作的,在需要的时候可以轻松地使用。

모듈러 연산 模算数

modular arithmetic

나머지 연산. 정수연산의 한 가지 방법으로 나눗셈을 한 뒤 남은 자연수를 취하는 방식.

剩余运算。作为整数运算的一种方法, 做除法之后取剩下的自然数的方式。

모서리 边

edge

3D 모델링 데이터 중 꼭짓점을 연결해서 생기는 직선. 2D 스프라이트의 가장자리도 마찬가지이다.

3D模型数据中连接顶点后产生的直线。2D图片的边也是如此。

ㅁ

모션 캡처 动作捕捉 motion capture

게임 내 애니메이션을 만드는 방법 중 하나. 동작을 수작업으로 만들지 않고 배우의 움직임을 촬영한 뒤 동작을 추출하는 방법.

在游戏中制作动作的方法之一。不用手动做动作, 而是在拍摄角色的动作后, 再提取动作的方法。

모터 电动机 motor

물리엔진에서 관절에 적용하며 각 관절에 회전력을 가할 때 이것을 모터라고 한다.

在物理引擎中应用于关节, 在各关节施加旋转力时将其叫做发动机。

무한루프 死循环 infinite loop

종료가 불가능한 반복문을 말한다. 이 경우는 원칙적으로 반복문 내부에 종료 또는 반복문 탈출을 위한 코드가 있어야 한다.

指的是不可能结束的循环句。这种情况下, 在原则上, 应在循环内部结束或者有一个专门为了逃离循环而存在的代码。

문자열 字符串 string

프로그램 언어에서 문자기호가 메모리 또는 어레이 등에 0개 또는 1개 이상이 연속으로 들어 있는 것을 말한다.

在编程语言中, 文字符号在内存或数组中连续出现0个或1个以上。

물리엔진 物理引擎 physics engine

게임 프로그램에서 물체의 점프, 충돌과 이에 따른 결과를 알아내기 위한 프로그램 루틴. 라이브러리나 모듈 형태로 제공된다.

游戏编程中, 由物体的跳跃、碰撞而产生不同的结果而编程的例程, 用库模块的形态提供。

미디 音乐数字接口 / MIDI MIDI

전자악기끼리 디지털 신호를 주고받기 위해 각 신호를 규칙화한 표준 규격이다. MIDI 파일은 악보의 역할을 한다.

电子乐器之间为发送和接收电子信号,将各条信号规定为规则的标准规格。"MIDI文件"起到了乐谱的作用。

미로 迷宫/迷路园 maze

입구에서 목적지까지 여러 갈래의 길을 만들어서 도착하기 어렵게 만든 퍼즐 또는 문제.

从入口到目的地,制作多处迂回曲折的解谜或问题。

미리보기 试映, 预演; 预告片; 象征, 预示 preview

미리보기는 편집이 진행되는 화면에서 작업 중인 내용이 최종적으로 어떤 모습을 가지는지 미리 보여주는 기능을 말한다. 대표적인 기능은 문서편집기에서 종이에 프린트하기 전에 미리보는 기능이다. 게임 엔진이나 3D 관련 렌더링 프로그램에서도 많이 사용된다.

"预览"是指在进行编辑的画面中, 事先展示正在制作中的内容的最终面貌的功能。最具代表性的功能是在文件编辑器上打印之前提前看的功能。游戏引擎和3D相关渲染程序中也经常使用。

미분 导数 differeciation / Derivative

주어진 방정식의 기울기를 표현하는 공식을 찾는 작업.

寻找表示特定公式倾斜度的公式的工作。

ㅁ

믹서 混频器 mixer

음악 두 개 이상을 섞어서 함께 들려주는 기능을 하는 프로그램 또는 하드웨어. 음악은 주파수로 이루어져 수학적 법칙에 따라 더할 수 있다.

把两个以上的音乐混合播放的编程或硬件。音乐由频率构成,可以根据数学规律添加。

ㅂ

ㅂ

바이트 字节 byte

메모리의 최소 보관 단위인 bit(0 또는 1)가 8개 모인 것. 영문자 또는 숫자 기호인 ASCII가 8비트 코드이다.

内存最小的存储单位的bit(0或者1)，是8个一起。英文或者数字做记号的 ASCII是8位代码。

바이페드 二足行走 biped

3D 모델링에서 인체와 같이 두 발로 걷는 물체를 표현하기 위한 골격구조.

在3D模型中为了表现像人的身体一样用两只脚走路的物体的骨骼构造。

반발계수 恢复系数 coefficient of restitution

물리엔진에서 물체의 표면을 표현하는 한 가지 특성. 물체가 강체와 충돌할 때 충돌하는 탄력을 이용하여 튕겨나가는 반탄력의 정도를 말한다.

物理引擎中，用来表现物体表面的一种特性。是指物体与刚体碰撞时，利用撞击的弹力被弹回的反弹力程度。

반복문 循环 loop

어떤 프로그램 루틴을 조건에 따라 계속 실행하게 하는 것을 반복문이라고 한다. for, while, do whild 등이 있다.

根据某些编程例程的条件而持续实行称为循环句。有for, while, do whild 等。

발산 扩散 divergence

수열에서 다음 수와의 거리가 점점 커져서 나중에 무한대가 되는 수열.

数列中与下一个数的距离渐渐变大, 之后变成无限大的数列。

방향키 方向键 arrow key

키보드에서 상하좌우 방향을 나타내는 키. 일반적으로는 커서를 움직이고 게임에서는 물체를 조종 또는 이동하는 데 사용한다.

键盘上出现上下左右方向的键。一般情况下, 移动光标和在游戏中操控或者移动物体的时候使用。

배열 数组 array

변수가 여러 개 연결되어 인덱스 값 또는 대표값으로 사용 가능한 자료구조. 컴퓨터 메모리의 원래 모습에 가깝다.

把多个变量连接在一起, 可用作索引值或者代表值的数据结构。接近电脑存储器的本来面目。

백업 备份 back up

중요한 정보를 유실 또는 사고에 대비하여 다른 저장매체에 복사하여 보관하는 것.

对重要信息进行复印保管, 以防丢失或发生事故。

버그 程序错误 bug

프로그램에서 원하지 않는 작동 또는 에러를 발생시켜 프로그램이 정지하게 만드는 부분.

编程中产生的不需要的启动或错误导致程序瘫痪的部分。

버전 软件版本号 version

소프트웨어 또는 게임을 제작할 때 출시되는 순서를 나타내는 일련번호. 소수점 이하의 번호는 작은 변화를, 소수점 위의 자릿수는 커다란 변화를 나타낸다. 게임에서 버전 번호가 1.0에서 2.0으로 변화하면 새로 만들어 출시된 게임이라고 봐도 된다.

制作软件或者游戏时按照上市的出现顺序制定的连排号码。小数点以下的号码表示小变化，小数点上的位数是发生较大变化。游戏中版本号如果从1.0到2.0变化，可以看做是新制作并上市的游戏。

버전관리시스템 版本控制系统 version control system

프로그램 소스 코드 또는 결과물, 리소스 등을 관리하는 소프트웨어. 버전관리 시스템을 이용하면 이전 버전과의 차이점, 복구, 백업 등에서 많은 생산성의 향상을 가져오며 안정적인 개발관리가 가능하다.

用于管理程序资源代码或者成果、资源等的软件。如果使用版本管理系统，就能在版本的差异、复原、备份等方面提高生产效率，从而实现稳定的开发管理。

버퍼 缓冲器 buffer

프로그램에서 작업을 하기 위해 필요한 메모리 공간. 주로 배열을 사용하는데 동적할당을 받아서 사용하기도 한다.

为了在程序中工作而需要的存储空间。主要使用数组, 也可通过动态分配使用。

법선 法向量 normal

평면 또는 직선에서 수직을 이루는 직선을 법선이라고 한다. 이것을 벡터로 표시하면 법선벡터가 된다.

垂直于平面或直线的直线称为法线。用向量来表示就会成为法线向量。

베지어곡선 貝兹曲線 Bézier curve

3개 또는 그 이상의 점을 이용하여 선형보간을 한 뒤 만들어지는 곡선. 점과 점 사이의 부드러운 연결이 가능하여 여러 가지 용도로 사용된다.

利用3个或3个以上的点,先做扇型路固定后形成的曲线。可以把点与点之间的距离用自然的曲线连接, 而且用途很多。

벡터 矢量 vector

2개 또는 그 이상의 숫자로 이루어진 집합으로 방향과 크기의 의미를 모두 포함한다. 단순한 숫자와 비교해 물리량을 표현하는 데 적합하다.

用2个或以上的数字集合来表示, 其中包含了方向和大小。与单纯的数字相比较, 能恰当地表达物理量。

변곡점 拐点 Inflection point

미적분학에서 변곡점(變曲點, inflection point) 또는 굴곡은 곡선이 오목에서 볼록으로 변하는 지점이다. 반대의 경우도 마찬가지이다.

| 微积分中拐点或者曲折点的曲线从凹点向凸点变化的支点。反之亦然。

변수 变量 variable

ㅂ

컴퓨터 프로그램에서 필요한 데이터를 저장하는 공간. 지역변수와 전역변수 등으로 나뉜다. 변수는 각각의 타입(type)을 가질 수 있다.

| 计算机编程中存储必要数据的空间，分为区域变量和全局变量，变量可以拥有各自的类型(type)。

복소수 复数 complex number

유리수와 무리수를 포함하는 실수 영역에 허수 영역을 추가한 형태의 수. A+Bi 형태로 표시할 수 있으며 하나의 수를 2차원 영역(复数平面)에 표시할 수 있다.

| 在包含有理数与无理数的实数集合中添加了虚数集合形态的数 。可以用A+Bi 形态表示，其中一个数可以用2维区域（复数平面）来表示。

복호화 解密 decryption

암호화된 문자열/숫자를 원래 내용으로 돌려놓는 작업. 암호를 푸는 열쇠에 해당하는 키(key) 값이 필요하다.

| 把加密的文字列、数字恢复成原来的内容的工作。需要相当于解开密码钥匙的key值。

본 애니메이션 骨骼动画 bone animation

물체의 애니메이션을 표현하기 위한 방법으로 사물에 관절을 만들고 관절과 관절을 연결하는 가상의 뼈를 만들어 동작을 구현한다. 이때 관절 간의 거리를 일정하게 유지하므로 동물의 뼈와 같은 개념으로 생각할 수 있다.

作为为了表现物体动作的方法，制作事物的关节，并制作用于连接关节与关节之间的虚拟骨头来实现动作。如此就能把关节之间维持到一定的距离，因此可以把它视为动物骨头的概念。

부동소수점 浮点数 floating point

실수를 컴퓨터 상에서 근삿값으로 표현할 때 소수점의 위치를 고정하지 않고 그 위치를 나타내는 수를 따로 적는 것으로, 유효숫자를 나타내는 유효수(有效数)와 소수점의 위치를 풀이하는 지수(指数)로 나누어 표현한다. 상당히 큰 범위의 숫자를 표현할 수 있다.

再计算机中用概数表现实数的时候，不固定小数点位置，用那个位置出现的数来标记，出现有效数字的有效数和小数点的位置的指数分开来表示。可以表示很大范围的数字。

부모, 부모노드 父亲节点 parent node

트리구조를 갖는 자료구조 또는 오브젝트의 배치에서 상위에 위치한 노드를 부르는 말.

指的是带有树形结构的数据结构或者是对象的排列在上端位置的节点。

부스트 라이브러리 Boost C++ 库 Boost library

부스트(Boost)는 C++ 프로그래밍 언어를 위한 선형대수, 의사 난수 발생, 멀티스레딩, 영상처리, 정규 표현식, 그리고 유닛 테스트와 같은 작업들과 구조들을 지원하는 라이브러리들의 집합이다. 80개가 넘는 다양한 라이브러리들을 포함한다. 대부분의 부스트 라이브러리들은 자유롭게 그리고 사유 소프트웨어 프로젝트들에 사용될 수 있도록 설계된 부스트 소프트웨어 라이선스(Boost software license)를 따르고 있다. 몇몇 부스트 라이브러리들은 Technical Report 1과 C++11 표준으로 채택되어 포함되었다. 부스트의 창시자들 중 많은 수는 C++ 표준위원회에 속해 있다.

Boost是为了C++编程语言的线性代数、发生伪随机数、多线程、影像处理、正则表达式, 以及用于支援像联合测试一样的工作和构造的库的集合而存在。它包含80多个各种不同的库。大部分的Boost 库都设计成可以自由使用, 也单独存在可以用于私人软件项目的Boost software license。某些Boost 库采用了包含Technical Report 1和 C++11 的标准。Boost的创始人中大多数都是 C++ 标准委员会的成员。

부팅 引导程序 booting

컴퓨터에서 사용자가 운영체제를 시동할 때 운영체제를 시작하는 초기작업과정이다.

这是电脑使用者启动操作系统时开始运行操作系统的初始工作的过程。

분기 分支结构 branch / flow control

if, if else, if else if else, switch, goto, break, continue 등과 같이 조건에 따라 프로그램의 흐름을 바꾸는 구조를 말한다.

| 与if, if else, if else if else, switch, goto, break, continue等一样, 指的是根据条件改变编程流程的结构。

분산 方差 variance

통계학에서 어떤 집단의 값이 그의 평균값과 멀리 분포되어 있는 정도를 나타낸다.

| 在统计学中, 出现某个集合的值与其平均值之间相差多少的分布程度。

뷰 볼륨 视体 / 见平截头体 view volume/viewing frustum

컴퓨터 그래픽에서 화면에 표시되는 수학적 공간. 일반적으로 직사각형 또는 사각뿔에서 윗부분이 없는 모습으로 표현된다. 이 영역에 위치하는 물체는 화면에 표시된다.

| 在电脑图形上显示出画面的数学空间。通常在矩形或四角锥处表现出无上部的模样。表现出该领域位置的物体的画面。

블루투스 蓝牙 bluetooth

PC에 이용되는 마우스, 키보드를 비롯해 휴대전화 및 스마트폰, 태블릿, 스피커 등에서 문자정보 및 음성정보를 비교적 낮은 속도로 디지털 정보를 무선통신을 통해 주고받는 무선통신 표준규격이다. 1994년 에릭슨이 개발했고 5개 회사가 참여하여 시작되었다.

| 是把包括电脑中使用的鼠标、键盘、手机、智能手机、平板电脑、音箱等中的文字信息及音响信息, 用相对较低的速度通过无线通讯把数字信息进行接收和传送的无线通信标准规格。1994年爱立信公司开发, 且有5个公司参与并开始。

ㅂ

비교/비교연산 关系运算子 compare operation / Relational operator

조건식에서 수치자료의 비교를 담당하는 연산자. 기본적으로 여섯 종류가 있다(같다, 다르다, 크다, 작다, 크거나 같다, 작거나 같다).

在条件式上负责数据资料比较的运算者。基本上分为6种(相同、不同、大、小、大于等于、小于等于)。

비트 比特 bit / binary digit

이진법에서 0 또는 1을 말하며, 저장이 가능한 정보의 최소단위이다. 보통의 메모리는 8bit를 기준으로 저장된다. 1bit 변수는 존재하지 않으며 32bit 변수의 경우, 0 또는 1이 32개 있다.

在二进制计数法中的0或1是可以存储情报信息的最小单位。通常内存以8bit为基准储存。1bit变量不存在,32bit变量的情况是0或者1有32个。

빌드 build build

소스코드를 컴파일, 링크하고 자원을 통합하여 원하는 앱(app)으로 만드는 과정.

将源代码编译、链接、融合资源,打造理想的应用程序(app)的过程。

빛의 삼원색 叠加型原色 primary color of light

모든 가시광선을 구성하는 기본적인 3가지 빛의 색. 일반적으로 RGB라고 표시하며 각각 적색, 녹색, 청색의 빛을 말한다. 이들을 모두 섞으면 백색의 광이 된다.

构成所有可视光线的基本3种颜色。一般表示为 RGB, 分别表示红色、绿色、蓝色。如果把他们都混在一起, 就会变成白色的光泽。

人

사각형 四边形 rectangle

꼭짓점이 네 개인 다각형. 두 개의 삼각형으로 구성할 수 있다.

有4个顶点的多边形。可以用两个三角形来构成。

사영 射影 projection

시점에 관한 수학의 분야. 어떤 곡선 또는 점의 위치를 기준이 되는 평면 또는 직선 상에서 해석하는 문제. 스크린 또는 물체의 표면에 그림자를 만들거나 영상을 만드는 문제에 있어 유용하게 사용된다.

关于视点的数学领域。是在以某种曲线或点位为准的平面或直线上进行解释的问题。常用于在屏幕或物体的表面形成阴影或影像制作的问题。

ㅅ

사용자 식별/사용자 인증 用户ID useridentification

게임에 접속하는 사람을 식별하기 위한 여러 가지 방법. 아이디와 비밀번호가 가장 일반적이다. 휴대전화를 이용하는 식별방법, 인증서를 이용하는 방법, 지문/홍채 등의 생체인증, 기타 소셜 미디어(social media) 로그인을 이용하는 방법 등 다양하다.

游戏中为了识别连接的人的各种方法。ID和密码时最基本的。有使用手机识别的方法, 使用认证书的方法, 有指纹、虹膜等生物体认证, 还有其他social media登录等的多种方法。

사용자 인터페이스 使用者界面 userinterface

프로그램이 사용자에게 제공하는 기능의 입력/선택 방법. 보통 메뉴, 입력 필드, 버튼, 다이얼로그 등으로 구성되며 이것을 합쳐 사용자 인터페이스(UI)라고 한다.

程序向用户提供的功能输入/选择方法。一般由菜单、输入区、按键、会话等组成,加上这一数字,被称为用户界面(UI)。

사원수 四元数 quaternion

벡터보다 먼저 사용된 수학용어. 4개의 실수를 이용하여 3차원 공간을 표현하는 방식. 실제적으로 3차원 벡터와 같으나 회전의 경우에는 계산이 더 간단하여, 게임 엔진에서 물체의 회전값으로 많이 사용된다.

比矢量先使用的数学用语。利用4个实数表现三维空间的方式。实际上,与三维向量相同, 但旋转时会更容易运算, 在游戏引擎中经常使用物体的旋转值。

산술 算术 arithmetic

프로그래밍 언어에서 수를 바꾸는 방법. 가장 기초적인 연산은 덧셈, 뺄셈, 곱셈, 나눗셈의 사칙연산과 각종 OR, AND, NOT의 논리적인 연산, 비트단위의 Shift, Rotate 연산 등이 있다.

在编程语言中换数的方法。有最基础的演算加减乘除的四则运算和各种 OR, AND, NOT的逻辑演算, bit单位的 Shift, Rotate演算等。

산술연산 算术操作 arithmatic operation

숫자에 관한 연산으로 덧셈, 뺄셈, 곱셈, 나눗셈과 mod 연산(余数)이 있다.

关于数字的运算有加法,减法,乘法,除法和mod(余数)运算。

삼각함수 三角函数 trigonometric function

직각삼각형의 각도를 이용하여 각변의 비율을 나타낸 함수. 대표적인 주기함수이며 각도를 이용한 좌표의 표시 등 많은 용도가 있다. 각도를 표시할 때 1회전에 360도를 사용하는 방법과 2π를 사용하는 방법(弧度)이 있다.

利用直角三角形角度体现各角比例的函数。具有代表性的周期函数, 利用角度坐标的表示等有很多用途。表示角度的时候有1周360度和2π两种方法来表示。

삼각형 三角形 triangle

3개의 꼭짓점을 가진 기본도형. 컴퓨터 그래픽에서도 가장 기본적인 면을 표시할 때 사용한다. 사각형은 2개의 삼각형을 이용해 표시하며 곡면은 여러 개의 삼각형을 이용해 표시한다.

具有3个顶点的基本图形。在电脑图形上也在表现最基本面的时候使用。四边形是用2个三角形来表示的, 曲面是用多个三角形表示。

상속 继承 inheritance

객체지향언어에서 이미 존재하는 기존의 클래스의 기본 속성을 그대로 가져오는 것을 말한다. 이때 필요한 부분만 바꾸어 사용하면 편리하다.

是指在面向对象语言中把已经存在的基础类的基本属性直接拿过来用的意思。这时只要换掉需要的部分,便可方便使用。

상수 常数 constant

프로그램 언어에서 변하지 않는 값을 뜻한다. 변수와 마찬가지로 속성과 값을 가지고 있으나 그 값은 변하지 않아서 변수와 반대이다.

在计算机编程语言中不变的数值。变量也是一样, 具有属性和值, 并且与其值不变的变量相反。

색상 颜色 color

컴퓨터 그래픽에서 화면에 표시되는 색이다. 빛의 삼원색인 RGB를 이용해 표시하는 것이 일반적이다.

这是在电脑图形的画面中显示出的颜色。一般使用光的三原色RGB来表示。

ㅅ

색의 삼원색 消减型原色 subtractive mixing of ink layers

물체의 면의 색상을 결정하는 색의 3가지 기본요소. 물체의 색은 비추어진 광선을 반사하므로 이루어진다. 이때 적색, 청색, 노란색이 색의 3가지 요소가 된다. 모두 섞을 경우 빛을 전부 흡수하여 검은색으로 표시된다.

决定物体表面颜色的颜色的3种基本要素。物体的颜色会通过反射光线而形成。此时, 红色、蓝色、黄色成为颜色的3种要素。如果混合在一起, 可以吸收全部光线, 用黑色表示。

샘플링 采样 sampling

음성 등의 아날로그(analog) 파형의 크기를 시간단위로 디지털(digital)화하여 수치로 나타내는 작업이다.

这是将语音等模拟(analog)波形的大小以时间为单位进行数字化(digital), 用数值表现出来的工作。

서버 服务器 server

게임을 직접 표시하고 구현하는 클라이언트와 다르게, 각 클라이언트의 정보를 수집, 갱신하고 각 클라이언트 간의 게임을 중계하는 역할을 하는 컴퓨터 또는 소프트웨어.

与直接表示和体现游戏的客户端不同, 收集和更新每个客户端的情报信息, 作用于中转各个客户端游戏的计算机或者软件。

서보(모터) 伺服(电机) servo

컴퓨터를 이용, 신호를 전달하여 물체의 회전 각도를 조절할 수 있게 만든 모터. 일반적인 모터는 단순한 회전 및 속도의 조절만 가능하다. 서보모터는 주어진 각도로 회전하여 그 상태를 유지하는 것이 목적이다.

利用计算机传送信号来调节物体旋转角度的电机。一般电机只能实现单纯的旋转及速度的调节。伺服电机以特定的角度旋转, 保持其状态。

서브루틴 子程序 subroutine

프로그램 내의 어느 부분이 반복되는 경우, 그 부분을 별도의 함수 또는 procedure로 만들어 재사용하는 방법. 이때 만들어진 루틴을 서브루틴이라고 한다.

程序之内某一部分循环运行的情况, 该部分制作成为单独的函数或者procedure再次使用的方法。此时做出的routine被称为subroutine。

선분 线段 segment

두 점으로 정의된 어떤 직선의 부분 영역. 두 점을 연결하는 선으로 생각할 수 있고 오직 두 점 사이의 직선만을 말한다.

用两个点定义的某个直线的部分领域。可以把两个点看作是连接的线，可以说只是两个点之间的直线。

선언 宣言 declaration

변수, 상수, 함수, 클래스 등의 이름 및 내용을 정하고 사용하기 위한 초기화에 관한 모든 내용.

为了确定并使用变量、常数、函数、类等的名字及内容, 关于初始化的所有内容。

선형 线形的 linear

직선과 같은 성질이라는 뜻. 함수, 변환 등에서 일정한 비율로 증가하거나 감소하는 경우 모두 선형이다.

具有与直线一样性质的意思,在函数、变换等方面增加或减少一定比率的情况下,都是线性的。

선형변환 线性变换 linear transformation

벡터의 이동, 회전 및 확대/축소(放缩)가 가능한 연산방법. 컴퓨터 그래픽의 필수적인 요소이다.

可以让向量移动、旋转及放大缩小的演算方法。计算机图形的必须要素。

ㅅ

세계공간 世界空间 world space

물체의 위치를 지정할 때 모든 사물이 함께 존재하는 장면(scene)을 기준으로 좌표를 설정하는 방식.

指定物体位置的时候, 以所有事物一起存在的场景(scene)为基准设定坐标的方式。

센서 传感器 sensor

컴퓨터가 필요한 물리적 정보를 알아내기 위한 장치. 온도, 명암, 색상, 소리, 습도, 충격 등 다양한 종류의 물리적 환경 정보를 알아낼 수 있는 수많은 센서가 있으며 이것을 연결하여 IoT 등을 구성한다.

可识别温度、明暗、颜色、声音、湿度、冲击等多种类的物理环境情报, 多个传感器连接在一起可以构成IoT等。

셀렉트버튼 / 체크버튼 复选框 select button / check button

UI의 기본적인 요소 중 하나. 선택 또는 비선택 중 하나를 고를 수 있는 메뉴.

UI基本要素之一。在选择和非选择中挑一个的菜单。

셰이더 著色器; 着色程序 shader

OpenGL 2.0 이후, 모든 물체를 표시하는 방법이다. 셰이더는 꼭짓점 정보와 이를 화면에 보이는 색으로 변환하는 기능이 있다. 하드웨어와 함께 사용하면 기존 방법에 비해 빠르고 다양한 효과를 낼 수 있다.

OpenGL 2.0以后, 表现所有物体的方法 Shader具有转换成为顶点信息和其在画面中能看见的颜色的功能。与硬件一起使用, 比基本的方法快且会产生多种效果。

소수 质数 prime number

1과 자신 이외에는 나누어 떨어지지 않는 수. 이러한 수는 수학적으로 매우 중요하며 암호화 등에 많이 사용된다.

除了1和自身外,没法被其他自然数整除的数。这种现象在数学上非常重要,并且广泛应用在加密等方面。

소실점 消失点 vanishing point

사물의 표현에서 기법으로 화면의 모든 선이 만나는 무한히 멀리 있는 점.

作为表现事物的技巧, 是画面的所有线交汇的无限远的点。

속도 최적화 速度优化 speed optimization

게임의 속도를 증가하는 작업을 말한다. 주로 알고리즘의 변경을 통한 실행속도의 향상을 말한다. 리소스 변경, 압축 알고리즘의 개선, 통신방식의 개선 등을 통해 게임의 실행속도를 높인다. 특히 프레임의 속도를 높이는 것이 중요하다.

指的是提升游戏的速度的工作。只要通过算法的更改, 使运行的速度提升。通过资源更改、改善压缩算法、改善通信方式等提升游戏的运行速度。尤其重要的是提升框架结构的速度。

솔루션 解决方案 solution

비주얼 스튜디오와 같은 프로그래밍 도구에서 여러 개의 파일로 구성된 1종의 실행파일을 프로젝트(project)라고 하며, 이러한 프로젝트가 여러 개 모인 것을 솔루션(solution)이라고 한다. 솔루션은 목적에 따라 1개 이상의 프로그램을 포함할 수 있기 때문에 하나의 큰 프로젝트를 만들기 위한 해결방법이라는 뜻으로 이러한 명칭을 사용한다.

在Visual Studio等编程工具中，由多个文件构成的1种执行文件称为"project"，多个这种project聚集一起的叫做"solution"。Solution是指根据不同的目的可以包含一个以上的程序，因此为了制造一个大项目的解决方法而使用这一名称。

ㅅ

수렴 收敛 convergence

수열에서 다음 수와의 거리가 점점 작아져서 0에 무한히 근접해가는 수열.

数列中与下一个函数的距离渐渐变小，最后无限接近0的数列。

스레드 线程 thread

프로그램이 작동할 때 발생하는 최소의 흐름. 현재의 컴퓨터는 여러 개의 코어(core)를 탑재한다. 각 코어마다 여러 개의 스레드를 실행할 수 있다. 프로그램에서도 한 개 이상의 흐름을 발생시킬 수 있다. 각 흐름은 독자적으로 작동하며 상호 간의 통신 및 상호작용은 제한된다.

程序启动时发生的最小的进程。现在的计算机能装载多个 core。每个代码都能运行很多个thread。在程序中也能发生一个以上的执行流。各个流程单独运行，相互间的通讯及相互作用是有限的。

스레드 안전 线程安全 thread safe

하나의 함수가 한 스레드로부터 호출되어 실행 중일 때, 다른 스레드가 그 함수를 호출하여 동시에 함께 실행되더라도 각 스레드에서의 함수의 수행 결과가 올바로 나오는 것으로 정의한다.

当一个函数从一个线程中调用并运行时，即使其他的线程同时调用其函数并一起运行，它也定义为每个线程的函数执行结果都是准确的。

스카이박스 天空盒子 skybox

게임에서 아주 멀리 있는 배경의 경우 3D 처리를 하지 않고 한 장의 그림을 이용하여 단순하게 처리할 수 있다. 360도 시점을 제공하는 3D 게임에서는 멀리 있는 배경을 거대한 육면체로 해결할 수 있다. 이것을 스카이박스라고 한다. 스카이박스는 일반적인 큐브(cube)와 다르게 법선이 내부를 향하게 되어 있다. 이것은 카메라가 상자의 안쪽에 있기 때문이다.

在游戏中非常远的背景不用3D处理，而是用一张大的图片单纯的进行处理。提供360度视角的3D游戏中远处的背景用巨大的6面体来解决。这就是skybox。skybox与一般的cube不同，法线面向内部。这是因为摄像机在box的内侧。

스칼라 标量 scalar

벡터의 반대개념으로 수량만 존재한다는 뜻이다. 즉 하나의 실수와 같이 간단한 정보밖에 없다. 주로 크기를 나타낸다.

向量的相反概念，只存在数量的意识。即，与一个实数一样，只带有一个信息。主要表示大小。

ㅅ

스켈레톤 / 골격 骨骼 skeleton

계층구조를 이루는 물체의 애니메이션을 표현하기 위해 골격의 개념을 이용한다. 인간 형태의 골반을 기준으로 계층구조의 골격을 만들어 동작을 표현한다.

为了表现形成阶层结构的物体的animation而使用骨骼的概念。人体形态中以骨盆为基准制作具有阶层结构的骨骼来表现动作。

스크롤 바 滚动条 scroll bar

리스트 뷰(listview)와 같이 한 화면에 모든 정보를 다 표시하지 못하는 경우, 메뉴의 내용을 볼 수 있도록 내용을 이동시킬 때 사용하는 막대형태의 UI 요소.

与listview相同, 不能把所有的信息都展示在画面中的情况下, 为看菜单内容而移动内容时使用的条状形态的UI要素。

스크립트 脚本 script

C++와 같은 정식 프로그래밍 언어가 아닌 필요에 의해 생성할 수 있는 간략한 형태의 지시문. LUA, Java script처럼 이것을 다시 언어화시킨 스크립트 언어도 다수 존재한다.

不是像C++一样的正式程序,而是根据需要而生成的简单形式的指示文。像LUA, Java script一样, 把其重新语言化, 且存在多种脚本语言。

스택 堆栈 stack

자료구조 중 하나. 맨 나중에 입력된 내용이 가장 먼저 출력되므로 선반

(stack)이라고 한다. 즉 들어간 순서와 반대로 나오는 것으로 입구가 하나뿐인 엘리베이터를 생각하면 된다. 반대의 구조는 Queue이다.

| 数据结构中的一种。最後输入的内容是最先输出的内容,所以叫做栈(stack)。即, 与进入的顺序相反, 可以想象称为只有一个出口的电梯。与它相反的结构是Queue。

스프라이트 图片精灵 sprite

어떤 이미지를 전부 또는 일부만 화면에 표시한 것. 스프라이트는 기본적으로 2차원 평면 구조이다. UI 또는 2D 게임, 파티클 등에서 많이 사용된다.

| 只在画面中表示出某个图片的全部或者一部分。sprite基本上是二维平面结构。在UI、2D游戏、粒子系统中使用较多。

스플래시 启动界面 splash screen

게임이 처음 시작할 때 잠깐 표시되는 화면을 말한다.

| 是指游戏开始时暂时显示的画面。

시간지연함수 延时功能 time delay function

프로그램의 중간에 작동을 멈추고 주어진 시간 동안 대기하는 함수를 말한다.

| 是指在程序中间停止运转, 在规定时间内等待的函数。

시점 观看 view

게임의 장면을 카메라가 보는 방향. 게임의 장르를 시점으로 나누기도 한다. side, top, quarter view 등 다양한 view가 있다.

游戏场面中摄像机看向的方向。游戏种类也根据视角不同进行分类。有side, top, quarter view等多种视角。

시프트 연산/산술 시프트 移位操作 shift operation/arithmatic shift

2진법 숫자를 비트 값에 따라 옮기는 수치연산. 2의 거듭제곱수로 곱셈과 나눗셈을 하는 효과가 발생.

二进制数字受到比特值的影响的数值演算。发生以2的平方数相乘和相除的效果。

ㅅ

신경망 神经式网络 neural network

node와 layer, rm 사이의 연결값으로 구성되는 인공지능의 한 가지 방법. 예제를 통해 학습하므로 딥러닝(deep learning)이라고 한다.

通过node和 layer, rm 之间的连接数值所构成的人工智能的一种方式。通过例题的学习而被称为 deep learning。

실수 实数 real number

유리수와 무리수를 합친 것이다. 컴퓨터에서는 일반적으로 부동소수점을 이용한다.

有理数和无理数的集合。在计算机中, 一般情况下使用浮点。

실시간 实时 real-time

프로그램의 실행 도중이라는 뜻. 또는 미리 작업이 되어 있지 않고 즉시 처리되는 상태.

意思是程序正在实行中。或者是没有提前作业，而是处于一种即时处理的状态。

실행 运行 execution

프로그램 또는 앱을 실제로 작동시키는 것이다.

即，启动程序或应用程序。

ㅅ

싱글톤 패턴 单例模式 singleton pattern

생성자가 여러 차례 호출되더라도 실제로 생성되는 객체는 하나인 경우. 어떤 경우에도 한 개의 객체가 모든 호출을 담당하는 경우.

无论调用多少次生成者，实际上都只生成一个对象。有时会有一个对象承担所有调用的情况。

O

아두이노 arduino arduino

이탈리아에서 개발된 IoT용 싱글보드 컴퓨터. 가격은 저렴하고 속도나 용량은 작지만 외부장치를 연결하는 데 적합하다.

在意大利开发的用于IoT的单板计算机。价格低廉，速度和容量虽小但是很适合与外部装备连接。

아이들링 空转 idling

프로그램이 작동 중 아무런 일도 하지 않고 있는 상태. 이런 경우 운영체제가 CPU를 점유하여 다른 작업에 할당하는 것이 좋다. 게임의 경우는 화면에 무언가를 표시하는 경우가 대부분이고 이때 내부적인 처리나 복잡한 연산이 없는 경우를 말한다.

程序处于运转过程中没有任何工作的状态。在这种情况下，最好是操作系统占据CPU，分配其他工作。在游戏中，大部分情况都是在画面中去表示些什么，此时内部也并没有复杂的处理和演算。

아이콘 图标, 图符 icon

프로그램에서 다양한 용도로 사용되는 작은 그림. 일반적인 그림이나 사진보다 크기가 작고 기능 버튼 등의 표시용으로 사용되는 이미지 파일이다.

程序中用于各种用途的小图像。比一般的图像和照片小，是用于显示功能按钮等的图像文件。

안개 雾

fog

시야절두체를 보완하기 위한 방법. 또는 현실감을 주기 위한 방법으로 화면의 깊이에 따라 점점 불투명한 색을 더해나가는 방법. 결과물은 현실 세계의 안개와 비슷한 느낌을 준다.

为了完善视锥体的方法。或者用为体现真实感的方法，根据画面的深度，逐渐增加不透明的颜色的方法。结果给人的感觉与现实世界的雾霭相似。

안드로이드 安卓

android

구글에서 개발한 오픈 모바일 운영체제. 전 세계에서 가장 많이 사용된다.

谷歌开发的开放式移动端操作系统。被全世界广泛使用。

알고리즘 计算程序

algorithm

컴퓨터 프로그램을 통해 문제를 해결하는 효율적인 방법.

通过计算机程序解决问题的有效方法。

알파채널 Alpha合成

alpha channel

한 점의 컬러를 표시할 때 보통 색을 이루는 RGB값과 투명도를 나타내는 알파(alpha)를 이용한다. 즉 알파는 투명한 정도를 말한다.

表现一个点的颜色的时候，使用能够体现一般颜色的 RGB值和透明度的alpha。即alpha指的是透明的程度。

암호화 加密 encryption

주어진 문장을 읽을 수 없게 키 값을 이용해 복잡하게 만드는 것. 반대는 복호화(decryption)라고 한다.

| 无法读取给定文章, 使用key值复杂的制作出来。相反的概念是解码(decryption)。

압축 压缩 compression

사진, 음악, 문서 등의 자료를 원래 크기보다 작게 만드는 기술. 압축에는 원래 자료의 손실이 발생하는 손실 압축과 그렇지 않은 비손실 압축이 있다.

| 把照片、音乐、文件等资料做成比原来大小更小的一种技术。在压缩中, 在原来资料的损失程度上分为有损压缩和无损压缩两种 。

애니메이션 动作 animation

3D 모델의 이동, 회전, 확대축소를 통한 움직임의 표현.

| 通过3D模型的移动、旋转、扩大缩小的动态表现。

애플리케이션 应用程序 application

운영체제가 있는 컴퓨터 또는 모바일 장치에서 실행 가능한 프로그램을 말한다.

| 在有操作系统的电脑或者手机的设备中可以运行的程序。

앰비언트 라이트/주변광 环境光线; 周围光; 背景光; 侧面光

ambient light

3D 그래픽에서 아무런 광원이 존재하지 않아도 모든 면에 작용하는 기본적인 광량. 광원 및 주변광이 전혀 없다면 우주 공간처럼 어두운 색으로 렌더링된다.

在3D图像中, 即使不存在任何光源, 也能在所有面作用的基本光量。一点光源和背景光都没有的话就可以像宇宙空间一样渲染成暗色。

앰비언트 오클루전 环境光散射

ambient occlusion

3D 물체의 표면이 광원에 얼마나 노출되어 있는지를 계산하여 그림자를 강도를 가감해주는 기술. 일반적으로 광원과 물체를 놓고 그림자를 생성하면 실제와 조금 다르게 나타난다. AO는 이를 보정하고 실제에 더 가깝게 보이도록 만든다.

是根据3D物体的表面曝光多少光源进行计算, 从而增减影子强度的技术。一般来说, 在光源和物体上生成阴影的话, 会与实际情况略有不同。AO对此进行修正, 使其看起来更接近实际。

앱 计算机应用程序

App

application의 약자이다. 일반적으로 앱스토어에서 다운받은 프로그램을 말한다.

application的缩写, 一般指的是在App Store上下载的程序的意思。

앱스토어 服务软件

App store

애플 iOS 및 MacOS의 프로그램을 다운받거나 살 수 있는 프로그램. 넓게는

ㅇ

구글의 Google Play도 같은 목적이다.

苹果 iOS 及 MacOS的应用程序下载以及能买到的程序。宽泛来讲谷歌的google play也是一样的目的。

양자암호 量子密码 quantum cryptography

양자암호는 대부분의 암호체계와 달리 자연현상에 기반하고 있는 특징을 띠며, 암호에 사용되는 원타임 패드를 생성하는 이상적인 방법 중 하나다.

量子密码(Quantum Cryptography)与大部分的密码体系不同, 它具有以自然现象为基础的特征, 是使用密码时生成一次性秘钥(one-time pad)的理想方法之一。

ㅇ

양자화 量化 quantization

아날로그 파형을 디지털화할 때 근삿값으로 바꾸는 작업이다. 이때 원래의 파형과 비교해 손실이 발생한다.

这是在将模拟波形数字化时, 改变为近似值的工作。此时与原来的波形相比会发生损失。

언리얼 4 虚幻4 UNREAL 4

가장 유명한 게임 엔진의 하나. Epic에서 개발하였다. 복잡하고 사실적인 3D 그래픽에 최적화된 엔진이다.

最有名的游戏引擎之一。在Epic中开发。对复杂且实时3D图像可以最优化的引擎。

에디터 编辑软件 editor

워드프로세서, Visual Studio처럼 어떤 내용을 새로 작성하거나 편집, 수정하기 위한 프로그램.

像Word、Visual Studio一样，为了把某些内容新创造、编辑、修改的程序。

엔진 游戏引擎 engine

게임 엔진. 여러 가지 종류의 게임을 쉽게 편집, 제작하고 그것에 필요한 다양한 기능을 모아놓은 프로그램 및 플랫폼.

游戏引擎。各种类型的游戏可以轻松的进行编辑、制作，而且需要的各种功能都集合在一起的程序及平台。

연산 运算 operation

CPU를 통해 수치정보를 조작할 수 있는 모든 것. 대입, 산술연산, 논리연산, 시프트(shift), 회전(rotate), 비교 등 다양한 연산의 종류가 있다.

可通过CPU操作数据信息的一切。包括带入、算术运算、逻辑运算、转换(shift)、旋转(rotate)、比较等各种运算种类。

연산자 操作数 operator

다양한 연산을 나타내는 기호. +, -, *, /, |, ||, &, &&, !, ^, <<, >>, >, <, >=, <= , ==, !=, = 등 다양한 연산자가 있다. 각각의 의미는 언어마다 조금씩 다르다.

各种运算中出现的符号。有 +, -, *, /, |, ||, &, &&, !, ^, <<, >>, >, <, >=, <= , ==, !=, = 等多种运算符号。每个运算符号的意义根据语言都稍有不

同。

연산자 우선순위 运算次序 arithmatic priority

수치연산, 논리연산, 비교연산 등이 여러 개 있을 경우 이들의 적용에 대한 우선순위. 예를 들어 곱셈은 일반적으로 덧셈보다 먼저 실행된다. 따라서 우선순위가 높다.

为了适用于数值运算、逻辑运算、比较运算等多种情况而需要的优先顺序。比如, 乘法比加法更先运算。因此优先顺序更靠前。

열거형 枚举 enumerate

프로그래밍에서 사용되는 다양한 상수가 하나의 집합을 이루는 경우 이것을 열거형이라고 한다. 열거형을 만들면 상수값을 다루기 쉽고 의미를 이해하기 쉽다. 다양한 프로그래밍 언어에서 지원하고 있다.

在编程中使用的各种常数组成一个集合时被称为枚举。枚举的话, 可简易操控常数值且很容易理解其意义。支持多种编程语言。

예약어 预定字 reserved word

프로그래밍 언어에서 미리 지정된 특별한 몇 개의 단어. 보통은 명령어, 선언문, 전처리기 등으로 사용되어 변수나 클래스, 함수의 이름으로 사용할 수 없다.

在编程语言中, 提前指定好的特别的几个语言。一般是用于命令语、声明文、预处理器等的变量和类, 不能用于函数的名字。

오일러 각 欧拉角 Euler angles

3차원 공간에서 물체의 회전상태를 나타내는 방법. x, y, z 3축의 회전을 통해 나타낸다.

3维空间中出现物体的旋转状态的方法。通过旋转x、y、z3个轴来呈现。

오픈 소스 开源软件 open source software

소스 코드를 공개해 누구나 특별한 제한 없이 그 코드를 참조, 변경, 사용할 수 있는 오픈 소스 라이선스를 만족하는 소프트웨어를 말한다. 라이선스에 따라 여러가지 다양한 종류의 재사용 형태가 존재한다. 기본적으로는 특정인의 저작권 독점을 포기한 소프트웨어를 말한다.

公开源代码, 任何人都可以参考、变更、使用满足开放资源许可的软件。根据许可的不同, 存在多样种类的再利用形态。基本上是指放弃特定人版权垄断的软件。

용량 容量 capacity

용량이란 수용이 가능한 범위를 말한다. 주로 기억(memory)용량을 말하며 프로그램의 크기 그리고 처리할 수 있는 데이터의 크기를 말한다. 용량의 범위를 넘어서는 작업은 한번에 처리가 불가능하지만, 데이터를 순차적으로 이용하는 방법으로 처리할 수 있다. 게임의 경우, 다운로드 받아야 하는 전체 프로그램 및 사용하는 리소스의 크기이다.

容量是指能容纳的可能的范围。主要是指存储容量(memory), 程序的大小和可以处理的数据的大小。超出容量范围的作业无法一次性处理, 但是可以按照数据的顺序的方法来处理。在游戏中, 是下载的全部程序及所要使用的资源的大小。

용량 최적화 容量优化 capacity optimization

게임의 크기를 줄이는 작업을 말한다. 프로그램의 간략화, 재사용 등을 통하여 프로그램의 크기를 줄이는 것을 말한다. 또한 리소스의 효율적인 사용을 통해 전체 용량을 획기적으로 줄일 수 있다. 마지막으로 압축 알고리즘을 이용하면 최종적인 게임의 크기(용량)는 더욱 작아지게 된다.

把游戏的大小减少的工作。通过程序的简化, 重复利用等减少程序的大小。或者通过资源的有效使用使整体容量大幅度降低。最后利用压缩算法, 会使最终游戏的大小(容量)更小。

운영체제 操作系统 operating system

컴퓨터 하드웨어를 관리하고 응용 프로그램을 관리하기 위한 시스템 소프트웨어의 총칭. Windows, Android, Linux, Mac OS 등이 있다.

为了管理电脑的硬盘、应用程序的系统软件的总称。有 Windows, Android, Linux, MacOS等。

원 圈 circle

어느 점에서 같은 거리를 갖는 모든 점의 집합. 주어진 각도를 이용해 삼각함수로 쉽게 좌표를 구할 수 있다.

具有与某一点相同距离的所有点的集合。利用给定的角度, 通过使用三角函数可轻松得出坐标。

원점 原点 origin

어떤 공간좌표계를 사용할 때 좌표가 (0, 0, 0)인 지점. 즉 모든 좌표의 중간지점이 된다.

使用某个空间坐标系的时候, 坐标是 (0, 0, 0)的支点。即, 所有坐标的中间支点。

윈도우 Windows操作系统 Windows OS

미국 Microsoft의 PC용 운영체제이다. 그래픽 인터페이스를 이용하며 전 세계적으로 매우 널리 사용된다.

美国Microsoft的PC用操作系统。利用图形用户界面, 在全世界广泛使用。

유니코드 统一码 Unicode

전 세계의 모든 문자를 컴퓨터에서 일관되게 표현하고 다룰 수 있도록 설계된 산업표준이며, 유니코드협회(Unicode Consortium)가 제정한다.

将全世界所有文字, 在电脑上都用同一规格表现和能让其使用起来的产业标准, 统一码协会(Unicode Consortium)制定。

유니티3D Unity3D Unity3D

3D 및 2D 비디오 게임의 개발환경을 제공하는 게임 엔진이자, 3D 애니메이션과 건축 시각화, 가상현실(VR) 등 인터랙티브 콘텐츠 제작을 위한 통합 저작 도구.

提供3D及2D电视游戏的开发环境的游戏引擎, 为了3D动画和建筑视觉化、虚拟现实等交互内容的制作的一种综合制作道具。

유사난수 伪随机数 pseudo-random

난수를 흉내 내기 위해 알고리즘으로 생성되는 값을 가리킨다. 진짜 난수와는 다르게 주기성을 가진다.

为模仿随机数而用算法生成的值。与真正的随机数不同，具有周期性。

유전자 알고리즘 遗传算法 genetic algorithm

인공지능의 한 가지 형태. 생물학적인 유전방식을 문제해결에 응용한 형태. 돌연변이 및 교배 등을 이용하여 문제에 최적화된 해법을 찾는다.

人工智能的一种形态。是将生物学的遗传方式应用在解决问题上的一种形态。利用突变及配对等方法寻找最适合问题的解决方法。

ㅇ

육각형 六边形 hexagon

꼭짓점이 6개인 다각형. 특히 육각형은 평면을 빈틈없이 연결할 수 있다. 육각형을 이용한 타일맵에도 많이 사용된다.

有6个顶点的多边形。其特点是用6边形组成的平面在连接时没有缝隙。常将6边形用于瓦片地图中。

음성인식 语音识别 voice recognition

사람이 말하는 음성 언어를 컴퓨터가 해석해 그 내용을 문자 데이터로 전환하는 작업.

一项通过计算机对人说话的语音语言进行解析，并把内容转换为文字数据的工作。

음성출력 音聲合成, 从文本到语音 text to speech

컴퓨터를 이용해 사람의 목소리를 합성하는 시스템이며, 문자를 음성으로 변환한다는 데서 문자 음성 변환(Text-To-Speech, TTS) 시스템이라고 부르기도 한다.

使通过使用计算机把人的声音进行合成的一种系统, 就是把文字转换成语音, 也被称为文字语音变换系统(Text-To-Speech, 简称 TTS)。

이동 / 평행 이동 平移 translation

벡터를 이용하여 물체의 좌표를 이동하는 작업. 이때 회전은 고려하지 않고 순수한 거리의 이동만 계산한다.

利用向量让物体的坐标移动的操作。此时不考虑旋转, 只单纯计算距离的移动。

이동마찰계수 转动摩擦 moving friction

물체가 움직이는 동안에 받는 마찰력을 말한다.

是指物体移动期间所受的摩擦力。

이벤트 事件 event

프로그램에 의해 감지되고 처리될 수 있는 동작이나 사건을 말한다. 주로 키보드, 마우스 등 사용자와 관련된 이벤트 및 타이머 등과 같이 지정된 상황에서 발생하는 이벤트가 있다.

事件(event)是指通过程序感知和处理的动作或事件。主要是与键盘, 鼠标等使用者相关的事件及定时器等一起在指定的情况下发生的事

| 件。

이벤트 발생 触发 trigger

게임이 작동될 때 여러 이벤트가 발생하는 것.

| 游戏运行时出现各种事件的发生。

이진트리 二叉树 binary tree

컴퓨터 과학에서 각각의 노드가 최대 두 개의 자식 노드를 가지는 트리 자료 구조.

| 计算机科学中每个节点node最多有两个子节点的树数据结构。

ㅇ

인공지능 人工智能 artificial intelligence

컴퓨터를 이용하여 주어진 상황을 해결하는 지능적 행위, 방법, 프로그램. 다양한 형태의 구현 방법이 있으며 특정 문제를 해결하기 위한 알고리즘과 다른 해결방법으로 볼 수 있다.

| 利用电脑解决特定状况的智能行为、方法、程序。有多种形态的体现方法, 可以看做是为了解决特定问题与算法不同的另一种解决方法。

인덱스 索引 index

정수 또는 키 값을 이용하여 정렬된 데이터를 쉽게 찾을 수 있는 목차/색인. C/C++ 언어에서는 어레이(array)에 저장된 개별변수를 호출하는 방법이며 데이터베이스(database)에서는 레코드에 접근하는 방법이다.

利用整数或Key值轻松找到排列的数据的目录、索引。在C、C++语言中，调用在数组(array)中存储的个别变量的方法，同时是在database中接近记录的方法。

인덱스 범위 오류 索引越界 index range error / index out of range

배열이나 메모리 버퍼 등이 사용범위를 벗어나는 경우 생기는 에러.

数组或存储缓冲器等超出使用范围时产生的错误。

인덴테이션 缩进 indentation

프로그램을 작성할 때 각 문장의 범위를 알아보기 쉽게 오른쪽으로 몇 글자를 띄어 작성하는 것을 말한다.

编写程序的时候，为了让文章范围看起来更清晰和方便，向右方空几个格再编写。

인라인함수 内联函数 inline function

보통 속도의 향상을 목적으로 서브루틴을 만들어 호출하는 대신 함수의 자리에 지정된 코드(code)를 직접 넣는 방식.

一般以提高速度为目的，制作子程序，不用调用，直接放入被指定位置的code。

인수 引用参数 argument

함수를 만들 때 처리를 위해 외부에서 받아오는 정보.

作函数的时候为了处理而从外部接受进情报信息。

인앱결제 程序内购买 in app purchase

모바일 게임의 경우, 사용자는 게임이나 APP에서 직접 아이템 또는 서비스를 구매할 수 있다. 이것을 IAP라고 한다.

手游中, 使用者在游戏或者APP中直接购买道具或者服务。这叫做IAP。

인증서 公开密钥认证 certificate

공개키(PKI)를 기반으로 하는 암호화 인증기법에서 사용되는 전자 신분증이다. 이 인증서 안에는 공개키와 소유자의 정보를 보관한다. 인증서는 반드시 안전한 제3의 인증기관의 존재를 바탕으로 한다.

认证书是以公开秘钥(PKI)为基础的加密认证技术中使用的电子身份证。此证书中保管公开秘钥和所有者的情报信息。认证书必须以安全的第3个认证机关的存在为基础。

인터폴레이션 插值 interpolation

값이 변화하는 두 개의 물리량 사이를 적당하게 채워넣는 방법. 일정한 간격을 갖는 선형보간을 많이 사용한다.

在值变化的两个物理量之间适当插放的方法。大多使用具有一定间隔的线性间距。

입력장치 输入设备 input device

컴퓨터에 연결된 사용자 입력을 감지할 수 있는 모든 장치(예: 키보드, 마우스, 카메라, 마이크, USB).

所有可感应连接电脑的用户输入的装置。例：键盘、鼠标、摄像机、麦克风、USB。

입력필드 文本框 input field

UI의 기본적인 요소 중 하나. 키보드 등을 이용하여 문자를 입력할 수 있게 커서가 등장하는 상자 형태의 UI 요소.

UI基本要素之一。使用键盘等能输入文字，出现箱子形态光标的UI要素。

ㅇ

ㅈ

자료구조 数据结构 data structure

문제해결을 위해 여러 가지 자료를 알고리즘에 따라 관리하는 방법이나 공간 또는 개념.

为了解决问题, 根据算法不同管理各种资料数据的方法、空间或者概念。

자바 Java Java

가전제품 내에 탑재해 동작하는 프로그램을 위해 개발했지만 현재 웹 애플리케이션 개발에 가장 많이 사용하는 언어 중 하나. 안드로이드 등의 모바일 기기용 소프트웨어 개발에도 사용하고 있다. 가상 머신을 이용해 작동시킨다는 점이 특징이다.

原来是为了在家电产品内部装载用于运作的编程而开发的, 也是目前开发网络应用程序使用最多的语言之一。同时也用于在安卓等的移动机器中使用的软件的开发。使用虚拟设备使其运转是它的特点。

ㅈ

자식, 자식노드 子节点 child node

트리 구조를 갖는 자료구조 또는 오브젝트의 배치에서 하위에 위치한 노드를 부르는 말. 게임 엔진에서는 부모를 움직이면 자식이 따라서 이동하는 특징이 있다.

指的是带有树形结构的数据结构或者是对象的排列在上端位置的节点。在游戏引擎中有父节点移动的话, 子节点也跟着一起移动的特点。

자연어처리 自然语言处理 natural language processing

프로그램을 이용하여 사람의 언어를 처리하는 방법.

使用程序处理人的语言的方法。

자원 资源 resource

게임을 만들 때 필요한 프로그램 외적인 부분. 즉 그래픽, 사운드와 관련하여 사용되는 모든 파일을 말한다.

制作游戏时需要的程序外部的部分。即, 要使用的图像、声音相关的所有文件。

자전 自转 rotation around a fixed axis

물체의 회전이 물체 내부를 통과하는 어떤 지정된 축을 중심으로 일어나는 것.

物体的旋转以通过物体内部某指定轴为中心产生的。

재귀호출 递归 recursive, recursion

어떤 함수가 자기 자신을 불러 문제를 해결하는 방법.

某种函数调用自身来解决问题的方法。

재질 材质 material

3D 그래픽에서 물체의 표면의 특징을 나타내는 방법. 빛의 반사도, 투명도, 색상, 표면의 상태 등이 모두 재질에 해당한다.

在3D图像中显现出物体的表现特征的方法。包括光的反射度、颜色、表面的状态等所有材质。

저항식 터치/감압식 터치 电阻式 resistive touchscreen

압력을 인식하여 작동하는 방식의 터치 스크린이다. 이 방식은 저렴하고, 스타일러스 펜으로 작은 칸에도 글을 쓸 수 있지만 세게 누르면 인식이 어렵고 약간 느낌이 둔하다는 단점이 있다.

是以识别压力为运转方式的触摸屏。这种方式虽然价格低廉, 而且可以用触屏笔写字记录和在小型写字板上写字, 但缺点是, 如果用力按的话很难识别, 而且感觉有点迟钝。

적분 积分 integral

미분의 반대 개념으로 주어진 방정식이 표현하는 면적을 표현하는 공식을 찾는 작업.

是微分的相对概念, 寻找指定公式用来表示面积的公式。

ㅈ

전역변수 全局变量 global variable

프로그램의 시작에서 끝까지 어느 곳에서든 접근할 수 있는 변수.

程序从开始到结束无论在哪个部分都能接触到的变量。

접선 切线 tangent

곡선의 어느 점을 지나는 직선 중 그 지점의 기울기와 같은 기울기를 가지는 직선.

| 通过曲线的某个点的直线中, 具有与此点一样倾斜度的直线。

접점 接触点 contact point

곡선과 직선이 한 점에서 만나는 경우 그 점을 접점이라고 한다.

| 曲线和支点在一个点相遇的情况下, 相遇的点叫做切点。

정규화 数据库规范化 database normalization

데이터의 중복을 막는 효과적인 구조를 만드는 작업. 정규화가 잘된 데이터베이스는 저장공간의 중복이 없이 효율적이며 다양한 질의에 응답할 수 있다.

| 防止数据重复而制作的效率性构造的工作。正规化的数据库没有保存空间的重复, 可以有效地回答各种问题。

정렬 排序算法 sort

여러 개의 나열된 데이터를 크기 또는 주어진 기준에 맞게 재배치하는 작업. 소팅에는 오름차순과 반대의 내림차순이 있다.

| 将多个数据按大小或指定标准重新排列的工作。排序方法包括升序和降序。

정사각형 正方形 square

사각형의 특수한 형태로 네 변의 길이가 같고 네 변이 모두 직각으로 만나는 사각형.

| 四边形的特殊形态, 四个边的长度相同, 且四个角都是直角的四边形。

정사영 正射投影 orthographic projection

원근법을 적용하지 않는 투영방법을 말한다. 게임에서는 어떤 물체가 스크린/카메라의 거리에 관계없이 같은 크기로 표현됨을 말한다.

| 不适用远近法的投影方法。在游戏中, 有的物体与屏幕、摄相机的距离无关, 都以同样大小表现出来。

정수 整数 integer

소수점을 포함하지 않는 간단한 수. 음수, 양수, 0을 포함한다. 컴파일러의 크기에 따라 변수나 상수의 크기가 다르며 범위도 정해진다. 일반적으로 32비트를 사용하나 원할 경우 8, 16, 64비트도 사용할 수 있다.

| 不含小数点的简单的数。负数、正数、0也包含在内。根据编译器的大小, 变量和常数的大小不同, 范围也确定。一般使用32bit, 但也可根据需要使用8,16,64bit。

정적변수 静态变量 static variable

클래스의 생성과 소멸에 구애되지 않고 프로그램의 시작에서 종료까지 항상 존재하는 변수.

| 不局限于类的生成和消失, 从程序的开始到结束, 始终存在的变量。

정적함수 静态程序 static function

클래스의 생성과 소멸에 구애되지 않고 프로그램의 시작에서 종료까지 항상 존재하는 함수.

不局限于类的生成和消失, 从程序的开始到结束, 始终存在的函数。

정전식 터치 电容式感应 capacitive sensing

정전식 터치 방식은 화면을 힘을 가해 누르는 것이 아니라 손가락이 화면에 닿거나 근접해도 인식이 되는 정전용량(电容)의 변화량을 이용한 위치 감지 센서(sensor)이다.

电容式感应方式并不是通过用力按压画面,而是利用手指接触画面或接近画面时也能识别的静电容量的变化量,即位置感知传感器(sensor)。

ㅈ

정지마찰계수 滑动摩擦 static friction

물체가 움직이지 않는 동안에 받는 마찰력을 말한다.

指的是物体不动的时候受到的摩擦力。

제네릭 프로그래밍 泛型程序设计 generic programming

데이터 형식에 의존하지 않고, 하나의 값이 여러 다른 데이터 타입들을 가질 수 있는 기술에 중점을 두어 재사용성을 높일 수 있는 프로그래밍 방식이다. C++의 템플릿을 예로 들 수 있다.

不依赖数据形式, 将技术重点放在一个值可以被其他数据形式调用, 从而提高再使用性的一种编程方式。以C++的template为例。

조건식 条件表达式 conditional expression

주어진 조건에 따라 프로그램의 실행 위치가 바뀌는 것을 조건문이라고 하며 그 조건을 표현하는 공식 또는 기호를 말한다. 대부분 논리연산식과 비교연산 등을 이용한다.

根据规定的条件,程序的执行位置被更换称为"条件文",表示条件的公式或记号。大部分利用逻辑演算方式和比较演算方式。

조이스틱 控制杆 joy stick

게임의 컨트롤러 중 하나. 방향축을 이용하여 방향을 입력할 수 있으며, 주로 비디오 게임의 입력장치로 사용되고 푸시버튼(push button)을 하나 이상 가지고 있다.

游戏控制中的一种。使用方向杆可以输入方向, 主要作为视频游戏中的输入装备来使用, 有一个以上的push button。

ㅈ

조인트, 관절 关节 joint

스켈레톤 애니메이션(skeleton animation)을 구현할 때 각 뼈와 뼈가 연결되는 지점을 말한다.

指的是实现skeleton animation时, 各个骨头和骨头之间连接的支点。

좌표계 坐标系 coordinate system

3D 공간에서 위치를 나타낼 수 있는 방법. x, y, z 3개의 좌표를 이용하는 방법이 일반적이나 polar 좌표계에서는 원점에서의 각도와 거리로 위치를 나타낼 수 있다.

3D空间中让位置出现的方法。使用x,y,z3个坐标的方法，一般坐标和polar 坐标系中从原点的角度和距离能知道位置的所在。

좌표축/축 坐标轴 axis

기하학에서 좌표의 개수인 차원을 결정하는 축. 각각의 축은 서로 직각을 이루어야 하며 축의 개수가 2개는 2차원, 3개는 3차원이 된다. 수학적인 개념으로는 차원의 개수는 3 이상이 될 수 있다.

决定几何学中坐标的个数维度的轴。每个轴要形成直角，轴的个数是2个是2D，3个是3D。从数学概念来看，维度的个数是3个以上的数。

주기함수 周期函数 periodic function

삼각함수처럼 일정 주기를 지나면 원래 값으로 되돌아와 반복되는 함수.

像三角函数一样，经过一个周期又回到原来值的反复的函数。

주석문 注释 comment

프로그램 작성 시 실행되지 않지만 작업자의 이해를 돕기 위해 적혀있는 설명문.

编写程序时，虽然还没有运行，但为了帮助作业人员的理解而被记录下来的说明文。

주파수 频率 frequency

1초당 발생하는 정도. 게임에서는 컴퓨터의 작동속도, 음악의 파형, 모니터 화면의 갱신속도 등 다양한 주파수가 고려된다.

每一秒钟发生的程度。游戏中，电脑的运转速度、音乐的音频、显示器画面的刷新速度等多种频率都要考虑在内。

중력 重力 gravity

물리엔진에서 모든 강체에 적용할 수 있는 일정한 값의 힘. 현실세계에서의 중력을 시뮬레이션 하기 위해 사용한다.

在物理引擎中可适用于所有刚体的一定值的力。这是为了模仿现实世界的重力而使用的。

중점 中心点 pivot

물체의 회전 시 기준이 되는 위치. 모든 물체는 중점을 중심으로 회전, 이동, 확대축소한다.

物体旋转时的基准位置。所有物体以中点为中心旋转、移动、扩大缩小。

증강현실 增强现实 argumented reality

증강현실은 현실 세계의 기반 위에 가상의 사물을 합성하여 보여주는 기법이다. 즉 카메라로 보이는 실제 영상 위에 3D 그래픽의 가상 물체를 결합한 형태로 볼 수 있다.

增强现实是以现实世界为基础，与虚拟的事物相结合的技术。即，用摄像机在能看见的实物影像上与3D图像的虚拟物体相结合的状态。

지수적 指数的
exponential

계산식 중간에 지수적인 표현이 있다면 이 계산식은 지수적이라고 한다. 계산식 중 제곱의 표현을 가진 항이 있다는 의미. 이런 계산식은 선형으로 표현할 수 없다.

如果说计算式中间有指数式的表达方式,那么这个计算方式就是指数式的。意思是指数式中带有平方表示的项。这种计算方式不能用线性来表现。

지역공간 当地空间
local space

물체의 위치를 지정할 때 부모의 좌표를 기준으로 위치를 설정하는 방식.

指定物体位置的时候, 以父对象的坐标为基准设定位置的方式。

지역변수 局部变量
local variable

전역변수의 반대 개념. 변수의 생존범위가 함수 또는 { }로 표현된 영역 안에서만 인정된다.

与全局变量相反的概念。变数的生存范围只限于用函数或{}表示的范围内。

직렬화 序列化
serialization

컴퓨터에서 사용하는 데이터의 포맷을 저장, 전송 등의 목적으로 보다 보편적인 형태로 바꾸는 작업이다. 예를 들어 문서 파일의 경우 실제 컴퓨터 메모리에서 작업되는 형태와 다르게 저장된다. 저장할 때 데이터의 포맷을 바꾸는데, 이를 직렬화라고 한다.

在计算机中存储使用的数据格式, 这是一种以传送等为目的, 使之变为更普遍形态的工作。例如, 文本文档的保存形式与实际计算机内存中所操作的形态不同。储存时改变数据的格式, 这被称为序列化。

직선 直 line

한 점을 지나는 정해진 기울기를 가지는 직선은 오직 하나가 된다. 이론적으로 직선은 길이를 무한대로 생각할 수 있다.

经过一个点的具有一定倾斜度的直线只有一个。理论上可以认为直线的长度是无限的。

ㅈ

大

채도 色相 hue

RGB 빛의 3원색을 360도 각 도에 따라 둥글게 배치한 색상원에서 하나의 각도가 의미하는 색상이다. 각각의 삼원색을 120도 각도를 이루어 배치하면 인접한 2가지 색끼리 중간값이 발생하게 된다. 이때 각각의 각도값에 대응하는 색상을 말한다. 일반적으로 0도가 순수한 적색이다.

把RGB 3原色按照360度排成圆形, 在排成的色相环中一个角度表示的颜色。每款三原色按120度角度排列, 相邻的2种颜色之间就会产生中间值。此时指的是对应各个角度值的颜色。一般0度是纯粹的红色。

초기속도 初始速度 initial velocity

물체의 맨 처음 이동속도를 말하며 어떤 행동의 초기에 주어진 속도값을 말한다.

指的是物体的初速度, 也是某种行动初期给的速度值。

초기화 初始化 initialization

객체의 생성 초기에 미리 설정해야 하는 값을 대입하거나 필요한 작업을 하는 것.

就是在对象生成初期, 把提前设定的值代入以及进行其他必要的工作。

초점 焦点 focus

카메라의 렌즈 종류 및 사물의 거리에 따라서 이미지가 뚜렷하게 보이는 경우 렌즈의 초점이 맞는 상태로 볼 수 있다.

根据照相机的镜片种类及事物的距离不同, 图片能清晰的呈现时, 镜片的焦点可以视为对焦状态。

최댓값 最大值 max

어떤 구간에서 주어진 함수가 가질 수 있는 최대의 값.

某个区间中所给函数所具备的最大值。

최솟값 最小值 min

어떤 구간에서 주어진 함수가 가질 수 있는 최소의 값.

某个区间中所给函数所具备的最小值。

최적화 最优化 optimization

성능이 다른 컴퓨터 및 디바이스에서도 비슷한 게임속도를 내기 위해 게임의 알고리즘 및 데이터 구조를 가장 간단하고 효율적으로 하는 작업.

为了在不同性能的计算机及设备中让游戏速度加快, 让游戏的算法及数据结构最简单和最具效率性的工作。

출력장치 输出设备 output device

컴퓨터가 신호 및 결과물을 조절할 수 있는 모든 장치(예: 프린터, 스피커, 스크린, 서보모터, USB).

计算机能控制的所有信号及结果的装备。例：打印机、扬声器、扫描仪、伺服电动机、USB 。

충돌 碰撞 collision

강체가 강체와 접촉할 때 또는 충돌체크 영역끼리 겹칠 때 발생하는 이벤트.
| 刚体与刚体接触时发生, 或者碰撞检测区域之间重叠时发生的事件。

충돌체크 碰撞侦测 collision detection

수학적 공간에서 기하학적인 2개 이상의 물체가 서로 겹치는지를 알아내는 문제 및 해결방법.
| 数学空间中的两个几何物体相互重迭的问题及解决方法。

ㅊ

ㅋ

카메라 照相机 camera

게임 엔진에서 최종 화면을 결정할 때 사용되는 좌표 및 방향. 현실세계의 카메라를 이용, 2D 이미지인 사진을 만드는 것과 같은 원리로 3D 그래픽스에서 카메라의 위치와 방향을 바탕으로 물체의 보이는 순서와 방향을 재구성해 2D 화면 이미지를 만든다.

在游戏引擎中决定最终画面时使用的坐标及方向。利用现实世界的摄像机, 以制作2D图像照片一样的原理, 在3D画面中以照相机的位置和方向为基础,重新构成物体的顺序和方向, 制造2D画面形象。

캐스팅변환/타입변환 类型转换 casting/type conversion

프로그래밍 언어에서 사용하는 자료형을 다른 자료형으로 변환하는 것.

在编程语言中把正在使用的数据类型转换为其他数据类型。

캐시 缓存 cache

CPU 또는 HDD의 동작속도를 빠르게 하기 위해 설치된 고속의 메모리 버퍼(buffer). 많이 사용되는 내용을 이곳에 옮겨놓고 해당 내용을 호출하면 여기에서 내용을 읽어 보내준다. 따라서 동작속도가 빨라진다.

为加快CPU或HDD动作速度而设置的高速存储器buffer。将使用较多的内容转移到这里, 如果调用相关内容, 就会在这里读取后发过去。因此, 运转速度加快。

커서 光标 cursor

컴퓨터 단말기 및 키보드를 이용하여 문자를 입력할 때 화면에 현재 입력위치를 알려주는 표시. 현재 GUI의 입력필드에서도 사용된다.

| 利用计算机终端机及键盘输入文字时, 告知目前输入位置的标识。目前, GUI的输入字段也使用该技术。

컬링 剔除

culling

컴퓨터 그래픽에서 카메라와의 방향 및 거리를 검사한 뒤, 조건에 맞지 않는 물체 또는 면을 표시하지 않는 것. 속도 향상의 기법이다.

| 从电脑图像检查出与照相机的方向及距离后, 不显示不符合条件的物体或面。是提升速度的一种技术。

컴파일 编译

compile

작성한 소스코드를 중간코드인 Obj로 바꾸는 과정. 최종적인 과정인 링크(link) 전에 이루어지며 문법적인 오류를 찾아낸다.

| 制作好的源代码改为中间代码Obj的过程。在最终过程的link之前进行, 找出语法上的错误。

ㅋ

컴파일러 编译器

compiler

컴파일(compile)을 담당하는 프로그램.

| 负责compile的程序。

컴포넌트 基于组件

component model

이미 만들어진 시스템이나 소프트웨어(컴포넌트)를 부품의 개념으로 조립해서 하나의 새로운 응용 프로그램을 만드는 소프트웨어 개발방법.

将已经制造的系统或软件(component)以配件概念进行组装,制造一个全新的应用程序的软件开发方法。

코덱 编解码器 codec

동영상을 저장하는 경우 많은 압축 알고리즘이 있으며 대부분 산업계의 표준이 되는 저장방법을 따른다. 이런 알고리즘을 이용하여 실제 동영상 정보를 작게 파일로 압축해주거나 반대로 파일을 동영상으로 변환해주는 작은 프로그램을 코덱이라고 한다.

储存视频时有很多压缩算法, 而且大部分按照产业界的标准储存。利用这样的算法, 将实际视频信息压缩到小文件或反过来将文件转换为视频的小程序叫做Codec。

콘솔 操纵、控制台 console

과거 사용되던 컴퓨터의 단말기를 말한다. 예전의 컴퓨터는 본체와 연결된 입출력장치로 터미널(终端)을 이용하였다. 처음 PC가 생기고 나서 그래픽 환경이 아닌 텍스트 환경의 인터페이스를 제공하였다. 현재의 OS 역시 이러한 개념을 가지고 있으므로 가상의 콘솔을 이용하여 입출력을 사용할 수 있다. 많은 프로그램 언어에서 콘솔 입출력을 지원한다.

指的是曾经使用过的计算机的终端机。以前的电脑是连接本体的输入装置, 是使用了终端的。首次有了PC后, 提供了text环境的接口, 而不是图形环境。现在的OS也具有这样的概念, 因此可以利用虚拟的控制台进行输入输出。在很多的编程语言中都支持输入输出控制台。

ㅋ

콘텐트 자동생성 过程生成 procedural (content) generation

수학적인 모델을 가지고 게임에 필요한 다양한 내용을 자동으로 생성하는 것이다.

带着数学模式自动生成游戏所需的各种内容。

쿼리 查询语言 query language

데이터베이스와 정보 시스템에 질의할 목적으로 만들어진 컴퓨터 언어이다.

这是为质疑数据库和信息系统的目的而设置的计算机语言。

큐 队列 queue

먼저 집어넣은 데이터가 먼저 나오는 구조의 자료구조. 스택과 반대의 개념.

先进入的数据先出来的结构的数据结构。与堆栈相反的概念。

클라우드 云计算 cloud computing

인터넷 기반 컴퓨팅의 일종으로 정보를 자신의 컴퓨터가 아닌 인터넷에 연결된 다른 컴퓨터로 처리하는 기술을 의미. 그러나 특정한 서버를 지정하지 않고 탄력적으로 운영하는 특징이 있다.

以网络为基础的计算机运算的一种，通过网络让其他计算机处理情报而非本机处理的一种技术。但它的特点是，没有指定特定的服务器，而是灵活运营。

클래스 类

class

객체 지향 프로그래밍(OOP)에서는 객체를 정의하며 이것은 상태(멤버변수)와 메서드(함수)로 구성된다.

在面向对象编程(OOP)中，定义对象，由状态(成员变量)和方法(函数)组成。

클럭 时钟频率

clock

컴퓨터의 작동을 위해 적용하는 동작주파수. 일반적으로 동작주파수가 빠를수록 고성능 컴퓨터이다.

用于适应计算机运转的动作频率。一般情况下，动作频率快的电脑属于高性能电脑。

키 프레임 关键帧

key frame

컴퓨터 그래픽스에서 사용하는 애니메이션 중 기준이 되는 프레임을 말한다. 키 프레임에서는 원하는 골격의 위치, 회전, 확대축소값을 지정한다. 키 프레임이 아닌 프레임에서는 각 키 프레임에서 지정한 값의 중간값을 계산하여 사용한다.

指的是计算机图形中使用的动画中的标准帧。关键帧中可以设定想要的骨骼的位置、旋转、扩大缩小值。不是关键帧而是按各帧的关键帧指定值的平均值计算使用。

E

타깃 디바이스 目标设备 target device

게임을 만들 때 최종적인 빌드(build) 과정에서 실행하기를 원하는 컴퓨터의 운영체제에 따른 선택. 예를 들어 일반적인 PC에서 실행을 원하는 경우, 목표 디바이스(device)로 Windows 또는 Linux를 선택할 수 있다. 휴대폰의 경우, iOS 또는 Android를 선택할 수 있다.

这是根据制作游戏时希望在最终build过程中在将要实行的电脑操作系统中做出选择。例如, 想要在一般PC中运行, 目标device就需要选择Windows 或者 Linux。手机的话就要选择iOS 或者 Android。

타원 椭圆 ellipse

원의 보다 일반적인 형태로 두 개의 중점을 연결하는 거리의 합이 일정한 점의 집합으로 표시한다. 물체의 공전을 표현하는 데 적합하다.

圆的一般形态, 连接两个中点的距离之和, 用定点的集合来表示。适于表现物体的公转。

타일맵 瓦片地图 tile map

게임에서 사용되는 배경을 하나의 그림/물체를 이용하는 대신 보다 작은 조각으로 만들어 이것을 연결하여 큰 배경을 만드는 방법.

游戏中使用的背景用更小的碎片代替一个图片、物体, 将其连接起来, 制造大背景的方法。

타임라인 时间轴 timeline

물체의 애니메이션을 구현하기 위해 동작을 시간별로 구분한 표시창.

为了实现物体的动画，把动作按照时间划分的显示窗。

탭 메뉴 选项卡菜单 tab menu

UI의 기본적인 요소 중 하나. 탭 메뉴는 복잡한 형태의 UI를 페이지 단위로 구성할 때 유용하다. 각 페이지를 선택할 때 맨 상단의 탭(Tab)을 이용하여 원하는 페이지를 선택할 수 있다.

UI基本要素之一。"Tab菜单"在以page为单位组成复杂形态的UI时非常有用。选择各个page时，可以使用最上端的Tab选择想要的page。

텍스처 매핑 材质贴图 texture mapping

3D 모델과 텍스처를 연결할 때 각 꼭짓점이 위치하는 텍스처 상의 좌표. 텍스처는 2D 이미지이므로 매핑 좌표는 (u, v)로 나타낸다.

连接3D模型和纹理时，各顶点位置纹理上的坐标。因为纹理是2D图像，所以坐标为(u,v)。

템플릿 模板 template

C++ 프로그래밍 언어의 한 기능으로, 함수와 클래스가 미지정 타입(generic)의 데이터와 동작할 수 있게 한다. 함수나 클래스가 개별적으로 다시 작성하지 않고도 각기 다른 수많은 자료형에서 동작한다.

是 C++语言中的一种功能，函数和类可以与未指定类型(generic)的数据一起工作。即使函数和类不单独重新编写，也能在各自不同的多个数据类型中进行工作。

통일 확장 펌웨어 인터페이스 统一可扩展固件接口

unified extensible firmware interface

운영체제와 플랫폼 펌웨어 사이의 소프트웨어 인터페이스를 정의하는 규격이다. IBM PC 호환기종에서 BIOS를 대체하기 위한 규격이다.

定义操作系统和平台固件之间的软件接口的规格。这是为了在IBM PC兼容机中代替BIOS的规格。

투영 投影

projection

어떤 이미지를 주어진 표면에 매핑하는 것이다. 흔히 극장에서 볼 수 있는 영사기를 이용한 투영이 대표적인 예이다. 투영은 평면이 아닌 곡면에도 가능하며 주어진 이미지를 표면에 매핑하는 방식을 투영이라고 한다.

就是将某种图像映射到表面。代表性的例子就是利用在剧场常见的放映机进行投影。投影在非平面的曲面上也可以，将特定的形象在表面映射的方式叫做投影。

튜링머신 图灵机

Turing's machine

튜링머신은 수학적 모형의 일종으로, 특수한 테이프를 기반으로 작동하는 기계이다. 이것은 현재의 CPU의 수학적 모델이라고 할 수 있다. 테이프는 메모리에 해당하며 테이프 위의 기호는 명령어에 해당한다.

图灵机是数学的模型的一种，以特殊的带子为基础运转的机器。这也可以称为是现在的CPU的数学模型。带子做为存储器，带子上的记号为命令语。

E

트랜스액션 数据库事务 database transaction

데이터베이스에서 일어나는 한 단위의 행위를 말한다. 은행에서 현금을 입출금하거나 계좌를 이체하는 행위는 모두 트랜스액션에 해당한다.

数据库中发生的一个单位的行为。在银行存取现金或转账的行为都属于交易 (transaction)。

트루컬러 色彩深度 true color

색상을 정의하는 방법. RGBA에 8비트씩 총 24비트를 이용하는 것.

定义颜色的方法。在RGBA中每8bit总共使用24bit叫做 TrueColor。

트리거 触发 trigger

충돌영역과 같은 개념이다. 강체의 경우 범위 이내로 들어올 수 없다. 트리거의 경우는 진입 가능한 영역이다. 게임에서 어떤 이벤트가 발생되는 것을 트리거라고 한다.

与碰撞范围是一样的概念。如果设定为是刚体, 就不能进入其范围以内。触发器的话就可以进入其领域范围。游戏中某个事件的发生就叫做触发。

E

II

파싱 语法分析 parsing

문장을 구성 성분으로 분해하고 그들 사이의 상하/수평 관계를 분석하여 문장의 구조를 결정하는 것을 말한다.

将句子分解成构成成分, 分析他们之间的上下/水平关系, 决定句子的结构。

파일 文件 file

컴퓨터에 필요한 정보를 외부 기억장치에 담은 것. 운영체제가 그 관리를 담당한다.

将电脑所需的信息放入外部存储器。操作系统负责管理。

파이선 Python Python

여러 플랫폼에서 사용이 편리한 프로그래밍 언어이다. 라이브러리(모듈)가 풍부하여 대학을 비롯한 여러 교육기관, 연구기관 및 산업계에서 이용이 증가하고 있다.

在多种平台中使用的便利的编程语言。库(模块)丰富, 现在像大学一样的教育机关、研究机关及企业的使用率正在增加。

ㅍ

파이프라인 绘图管线 pipeline

3차원 이미지를 2차원 스크린의 이미지로 표현하기 위한 순차적인 방법을 말한다.

指用2维屏幕表现3维图像的顺序方法。

파일 포맷 文件格式 file format

애플리케이션마다 저장을 목적으로 정보를 파일에 담을 때 사용하는 특별한 기록방법이다. 예를 들어, 모든 JPG 이미지 파일은 동일한 법칙에 의해 내용이 기록된다. 이러한 형식을 파일 포맷이라고 한다.

这是每一次Aplication以储存为目的,在储存信息时使用的特殊记录方法。例如,所有JPG图像文件都根据同一法则记录内容。这种形式被叫做file format。

파일 핸들 文件描述符 file handle / File descriptor

운영체제에서 파일을 열고 사용하는 데 필요한 구조체. 일단 열린 파일은 운영체제가 지정한 번호/구조체를 이용하여 관리되며 파일과 관련된 API는 모두 파일 핸들을 사용한다.

在操作系统中打开和使用文件所必须的结构体。一旦打开的文件使用的是操作系统指定的号码、结构体来进行管理, 与文件相关联的API 能使用所有文件描述符。

파티클 시스템 粒子系统 particle system

다수의 이미지, 오브젝트를 이용한 변화와 움직임으로 화염, 연기, 불꽃 등의 모호한 현상을 표현하는 방법.

利用数量较多的图像及物体的变化和移动来表现火焰、烟雾、火花等模糊现象的方法。

팝업 메뉴/콘텍스트 메뉴 对话框 popup menu / context menu

UI의 기본적인 요소 중 하나. 보통은 보이지 않지만 사용자가 마우스 버튼을 누르거나 하면 그 위치에 따라 적합한 메뉴가 나타나는 방식의 UI.

UI基本要素之一。一般情况是看不到的, 但是使用者按鼠标键时, 根据其位置出现适合的菜单的UI。

패리티 체크 奇偶校验位 parity check

정보의 전달과정에서 오류가 생겼는지를 검사하기 위해 추가된 비트이다. 전송하고자 하는 데이터의 각 문자에 1비트를 더하여 전송하는 방법으로 2가지 종류의 패리티 비트(홀수, 짝수)가 있다. 패리티 비트는 오류 검출 부호에서 가장 간단한 형태로 쓰인다.

这是为了检查信息传递过程中是否存在错误而追加的比特。在欲传送的数据文字各加上1位比特的方法被分为两种不同类型的校验位(奇数、偶数)。奇偶校验位在错误检测代码中是最简单的形态。

패킷 数据包 packet

컴퓨터 통신의 단위. 네트워크 API가 전달하는 데이터의 형식화된 블록이다.

计算机的通信单位。这是网络API传达的数据形式化的块(block)。

ㅍ

평균 平均 average

숫자 데이터 집합의 중간값을 구하는 방법. 보통은 모든 값을 더한 뒤 개수로 나눈다. 그 밖에도 여러 다른 방법의 평균이 존재한다.

数字数据集合取中间值的方法。一般情况是把所有值加一起后除以个数。除此之外，还存在许多不同方法的平均值。

평면 平面 plane

기하학에서 평면(平面)은 완전하게 평평한 2차원의 면이며 여기를 지나는 모든 선은 직선이다.

在平面几何中，是完美平坦的2维面，穿过此面的所有线都是直线。

포물선 抛物线 parabolic curve

2차 방정식으로 표할 수 있는 곡선으로 물체를 상방으로 쏘아 올렸을 때의 궤적을 나타내는 곡선이다. 물체의 자연스러운 이동을 표시할 때 많이 사용한다.

通过2次方程式可以表示物体向上方发射时的轨迹形成的的曲线。常用于物体的自然移动。

포인터 指针 pointer

프로그래밍 언어에서 변수, 혹은 함수, 객체의 메모리 상에서의 주소를 말한다.

在编程语言中，指变量、函数、对象存储器上的地址。

폴리곤 메쉬 多边形网格 polygon mesh

3D 모델을 표시하는 방법으로 많은 삼각형을 이용해서 물체의 표면을 표현하는 방법. 특히 지형을 표현하기 좋다.

| 用显示3D模型的方法,使用多个三角形来表现物体表面的方法。特别适合表现地形。

표준편차 标准差 standard deviation

분산을 제곱근한 것이다.

| 标准偏差是方差的平方根。

푸시버튼 按钮 push button

UI의 기본적인 요소 중 하나. UI를 이용한 선택을 완료하여 작업을 하도록 지시하는 용도로 사용하는 버튼이다.

| UI基本要素之一。利用UI进行选择并按照指示工作的用途的按钮。

풀링 对象池模式 pooling

오브젝트를 많이 사용하는 게임에서 필요할 때마다 생성과 파괴를 하지 않고 미리 만들어둔 오브젝트를 재사용하는 방법.

| 在大量使用"Object"的游戏中, 必要时不进行生成和破坏, 而是重新使用事先制作的Object。

ㅍ

프레임 레이트 帧率 frame rate

디스플레이 장치가 화면 하나를 표시하는 속도를 말하며, 프레임 속도(frame速度) 또는 프레임율(frame率)이라고 옮기기도 한다. 이와 같은 뜻으로, 초당 프레임 수(frames per second, 秒當frame數)를 이용하기도 한다.

이것은 1초 동안 보여주는 화면의 수를 가리키며, 단위로는 fps(또는 프레임/초)를 이용한다.

| 帧率 frame rate是指显示器装置显示一个画面的速度, 也被叫做帧速度或者是帧率。与此相同的意思表现为每秒的帧数。这是指1秒显示画面的数量, 单位是使用fps(或 帧/秒)。

프레임 속도 帧率 frame rate

디스플레이 장치가 화면 하나의 데이터를 표시하는 속도. 1초에 60회를 보통 기준으로 한다.

| 显示屏显示一个画面的数据的速度。以每秒60次为准。

프로그래밍 程序设计 programming

프로그래밍 언어를 이용해 구체적인 컴퓨터 프로그램을 만드는 것.

| 利用编程语言制作具体的计算机程序。

프로세서 레지스터 寄存器 processor register

CPU 장치 안에 존재하는 메모리 영역. 컴퓨터의 성능 및 어셈블리 언어와 밀접한 연관이 있다. 레지스터의 크기가 컴퓨터의 등급을 말하기도 한다. 일반적으로 32비트 컴퓨터는 32비트의 레지스터를 사용한다.

| CPU装置内存在的存储领域。与电脑的性能及汇编文字有着密切的联系。寄存器的大小也说明电脑的等级。一般来说32位的计算机使用使用32位的寄存器。

프로토콜 协议 protocol

통신규약은 컴퓨터나 원거리 통신장비 사이에서 메시지를 주고받는 양식과 규칙의 체계이다.

通信协议是在电脑或远距离通信设备之间, 通过发送信息的方式和规则来实现的。

프리팹 预制资源 prefab

유니티(unity)에서 미리 만들어놓고 신(scene)으로 불러와서 사용할 수 있는 자원 또는 자원의 모임.

在unity中提前建立并调用Scene来使用的资源或资源集合。

플래그 状态标志寄存器 flag

프로그램 또는 CPU가 여러 가지 일을 처리할 때 그 상태를 나타내는 방법. 예를 들어 숫자가 0보다 작아지면 minus라는 플래그가 1이 되며 처리값이 0이 되면 zero라는 플래그가 1이 된다.

程序或CPU在处理多种事情时表现其状态的方法。例如, 如果数字小于0, 则叫做minus的flag为1, 如果处理值为0, 则叫做zero的flag为1。

ㅍ

피타고라스 정리 勾股定理 Pythagorean theorem

직각삼각형의 세 변의 길이에 대한 정리. 두 좌표 간의 거리를 구하는 데 사용할 수 있다.

对直角三角形的三边长度的整理。可以求用两个坐标间的距离。

픽셀 像素 pixel

컴퓨터 그래픽 화면을 구성하는, 빛을 발산하는 각각의 점. 화소의 개수를 이용하여 해상도를 표시한다.

构成电脑图形画面, 发散光源的各个点。通过使用像素的个数来表示分辨率。

ㅎ

함수 函数 function

원래는 계산식을 구성하는 수학용어. 프로그래밍에서는 값을 돌려주는 subroutine(子程序)을 함수라고 한다.

原来代表构成算法的数学术语。在编程中, 把值返还被叫做subroutine(子程序)函数。

함수 오버라이딩 重写 method overriding

오버라이딩(overriding)은 상속된 클래스에서 부모와 같은 이름의 함수에 다른 기능을 부여할 때 쓰는 방법이다.

overriding是从继承的类中, 在名字与父程序一样的函数中赋予其他功能的时候使用的方法。

함수 오버로딩 函数重载 function overloading

오버로딩(overloading)은 같은 이름의 다른 형태, 즉 인수값이 다른 함수를 만드는 것이다.

与overloading一样名字的其他形态, 即, 因数值做成了其他的函数。

해상도 显示分辨率 resolution

컴퓨터 디스플레이 화면에 나타낼 수 있는 픽셀의 개수. 2차원 화면이므로 가로의 개수×세로의 개수로 표현.

可以在电脑显示画面显示的pixel数量。因为是2D画面, 所以用横向个数×纵向个数来表现。

해시함수 散列函数 hash function

임의의 길이의 데이터를 고정된 길이의 데이터로 치환(mapping)하는 함수이다. 입력값의 크기와 관계없이 결괏값은 일정한 크기를 갖는다. 반대로 되돌리는 것은 불가능하다.

用固定长度的数据置换(mapping)任意长度的数据的函数。跟输入值的大小没关系，结果具有固定的大小值。不能反过来用。

허수 虚数 imaginary number

0을 포함하되 실수가 아닌 복소수를 뜻한다. 제곱하면 음수가 되므로 수학적으로 3i 등으로 표현한다.

虚数(imaginary number)是包含0的复数而非实数。平方就成了负数，所以数学上用3i等表示。

호출 调用，使用 procedure call

프로그램이 함수, 서브루틴(subroutine), API를 사용하는 것을 call이라고 한다.

程序的函数、subroutine、API的使用都被叫做call。

확대축소 缩放 scaling

주어진 물체의 크기를 변경하는 작업. 확대축소를 적용하는 행렬을 이용한다.

变化给定的物体的大小的操作。利用适用于扩大和缩小的矩阵。

확대축소 / 스케일 比例 scale

3D 엔진에서 물체 또는 스프라이트처럼 영역을 가지고 있는 대상의 상대적인 크기. 원래의 크기는 1.0으로 표현할 수 있다. 크기값은 x, y, z 차원별로 다르게 할 수 있다.

在3D引擎中,像物体或图片一样具有领域对象的相对大小。原来的大小可用 1.0来表示。大小值可根据xyz的维度不同而不同。

확률 概率 probability

어떤 사건이 일어나는 비율로서 게임에서는 중요한 기능을 담당한다. 일반적으로 난수를 이용하는 경우가 많다.

某种事件的发生比例, 在游戏中起着重要的作用。一般情况下使用随机数的情况较多。

활성화 活化、激活 activate

게임 엔진에서 표시하는 여러 물체(object)를 활성화시키면 화면에 표시되고 정해진 작업을 수행한다. 반대로 비활성화시키면 보이지 않게 되며 움직임 등의 작업을 멈추어 게임의 동작속도를 빠르게 한다.

在游戏引擎中表示如果激活了各种物体(object), 画面上就会出现并执行给定的工作。相反的使其处于非激活状态就不会在画面中看到, 并停止移动等工作, 加快了游戏的运转速度。

회전 旋转 rotation

스프라이트, 물체 등을 중점을 기준으로 돌리는 것이다. 회전행렬을 곱하거나 축의 회전 각도를 회전 담당 함수에 전달한다.

是指图片、物体等都以中点为基准旋转的意思。把乘以旋转矩阵以及轴的旋转角度传达给负责旋转部分的函数。

휘도 饱和度 saturation

채도는 회색계통의 완전 무채색을 0으로 하여 순수한 색상원에서 나타나는 값을 100으로 한다. 이렇게 완전 무채색에서 완전 유채색까지의 중간값을 이용하여 어떤 임의의 색의 채도를 결정할 수 있다.

饱和度以灰色系统的完全无彩色为0, 纯色相中出现的值为100。像这样利用完全无彩色到完全有彩色的中间值, 可以决定任何颜色的饱和度。

힘 力 force

물리엔진에서 물체에 특정 방향으로 물체를 밀거나 당길 때 그 세기를 힘이라고 한다.

在物理引擎中, 向物体特定方向推物体或拉动物体时, 其强度叫做力量。

힙 堆内存 heap

운영체제가 관리하는 메모리 공간 중 실행 프로그램이 요청하여 사용할 수 있는 공간.

操作系统管理的存储器空间中, 可以要求使用运行程序的空间。

기 타

1보드 컴퓨터 单板计算机 single board compter

컴퓨터의 모든 기능이 1개의 마더보드로 구성된 컴퓨터. 일반적인 PC는 여러 개의 보드를 연결해서 구성한다. 반대로 1보드 컴퓨터는 모든 기능이 하나의 보드에 올라가 있어서 IoT 등을 구성할 때 사용할 수 있다. 대부분 저가의 소형 시스템인 경우가 많다.

计算机的所有功能都能在一个母版上实现的计算机。普通的电脑由各种电路板连接而成，相反，这种单板计算机把电脑里所有的功能都放在一个电路板上，可以用在IoT的使用上。大部分价格低廉的小型系统的使用比较多。

1칩 컴퓨터 芯片计算机 single chip computer

컴퓨터의 모든 기능이 1개의 칩에 들어 있는 형태이다. 소형 전자기기, IoT 등을 만들 때 사용한다.

计算机的所有功能都集合在一个芯片上，小型电子产品、制作IoT等时使用。

A* A*算法 A star

길 찾기 알고리즘의 한 가지. 지형을 격자 모양의 타일 형태로 전환하여 이동이 가능한 부분을 찾아 목표에 도달하는 최적화된 방법.

寻路算法的一种。把地形转换成为瓦片方格样式，并找到到达目标地点所能移动部分的最短路径的方法。

API 应用程序接口 Application Programming Interface

프로그램 또는 운영체제가 외부에 여러 가지 정보 및 서비스를 공개하는 방법. 웹서비스 또는 운영체제 등에서 외부와 접속하는 용도로 많이 사용된다.

编程或者操作系统在外部公开各种情报及服务器的方法。网页服务器或者操作系统等与外部连接的时候经常使用。

ASCII 코드 ASCII / 美国信息交换标准代码 American Standard Code for Information Interchange code

컴퓨터에서 8비트를 이용하여 0~1, 알파벳, 각종 기호를 표시하기 위한 코드, 현재는 UNICODE 등을 사용한다.

使用计算机中的8位来表示0~1、字母表、各种记号的代码。

BIOS 基本输入输出系统 Basic Input/Output System

넓은 의미로 컴퓨터에 탑재된 프로그램 중에서 하드웨어와 가장 낮은 수준에서 입출력을 담당하는 프로그램을 가리킨다.

广义上是指, 在电脑上装载的软件中, 在硬件和最低水平上负责输入的程序。

break point 断点 break point

디버깅을 위해서 프로그램의 실행 도중 정지시킬 수 있는 위치. 디버거 프로그램에서 지정하며 해당 위치를 실행하게 되며 디버깅 프로그램으로 돌아가 각종 변수의 값을 보여준다.

为了进行调试, 可在程序运行过程中使其停止的位置。在调试程序上指定并执行相关位置, 回到调试程序上展现各种变量的值。

C# C#

C#

마이크로소프트에서 개발한 컴퓨터 언어, C++에서 파생되어 문법이 비슷하며 JAVA 등의 영향을 받았다. 포인터를 사용하지 않는다. Windows 및 Unity3D의 기본 스크립트로 사용된다.

微软开发的计算机语言，与C++中衍生的语法类似，受到JAVA等的影响，不使用point。在Windows 及 Unity3D作为基本的脚本来使用。

C++ C++

C++

컴퓨터의 소프트웨어를 구성하는 데 가장 많이 사용되는 언어이며 동작속도가 빠르다. 현대 모든 컴퓨터 언어의 기초가 된다.

计算机的软件构成，是使用最广泛的语言，工作速度很快。是现代所有计算机语言的基础。

check sum 校验和

check sum

데이터 원본의 결점을 검사하기 위한 방법으로, 데이터의 내용을 더한 뒤 나머지 값을 취하는 방법으로 전체 데이터를 표시할 수 있는 작은 값을 만들어 둔다. 나중에 이 값과 원본 데이터의 계산을 비교하여 오류가 있는지 확인한다. 통신에서 많이 사용된다.

checksum是检验数据原件缺点的方法，通过添加数据内容后获取剩余数值的方法，制造能够显示全部数据的小值。之后，比较该值和原本数据的计算，确认是否有错误。在通信中使用较多。

CPU 中央处理器 Central Processing Unit

컴퓨터의 각종 연산 및 프로그램의 처리를 담당한다. CPU의 처리속도가 컴퓨터의 처리속도 중 가장 중요하며 컴퓨터의 성능을 가장 많이 좌우한다. 한번에 처리할 수 있는 용량 및 메모리 사용용량에 따라 8, 16, 32, 64비트 등으로 나눌 수 있다.

处理计算机各种演算和编程。CPU的处理速度在整个计算机的处理速度中占很重要的位置，是最能左右电脑性能的部分。根据能一次性处理的容量及内存的使用量。可分为8, 16, 32, 64位等。

device driver 驱动程序 device driver

장치 드라이버는 흔히 장치에 직접 접근하여 하드웨어를 제어하며 하드웨어와 주변 기기를 사용하는 프로그램의 중간 다리 역할을 한다.

设备驱动器和装备通常是直接接触设备并控制硬件，起到使用硬件和周边设备的程序中间桥的作用。

directional light 定向光 directional light

광원의 한 가지 종류. 아주 먼 곳에서 전해지는 강력한 형태의 빛으로 거리에 따라 어두워지지 않는다. 또한 이 광원에서 출발한 모든 빛은 평행을 유지한다.

光源的一种。向非常远的地方传播的强光，不随着距离变暗。另外，从该光源出发的所有光线都维持平衡。

DirectX DirectX　　Direct extension

Microsoft DirectX(마이크로소프트 다이렉트엑스)는 멀티미디어, 특히 게임 프로그래밍에서 마이크로소프트 플랫폼에서 작업을 위한 API의 집합이다.

Microsoft DirectX 多媒体, 特别是在游戏编程中, 为了在微软平台上工作的API的集合。

emission 재질 发光材质　　emissive material

3D 그래픽에서 사용되는 재질 중 하나로서 발광체로 사용될 수 있는 재질이다. 일반적인 광원과 같이 주변의 물체에 추가적인 광원을 공급할 수 있다. 또한 발광체의 면적 및 형태를 정할 수 있어 유용하게 사용된다.

在3D图形中使用的 材质中的一种, 作为发光体来使用的材质。通常与光源一样, 能提供周边物体追加的光源。或者确定好发光体的面积及形态, 可以有效使用。

firmware 固件　　firmware

특정 하드웨어 장치에 포함된 소프트웨어로, 소프트웨어를 읽어 실행하거나, 수정되는 것도 가능한 프로그램을 뜻한다. 대부분 한번 설치하면 거의 바꾸지 않는다.

是指用特定硬件装置中包含的软件, 能够读取软件并运行、修改的程序。大部分只能设置一次, 几乎不改变。

git git git

프로그램 등의 소스코드 관리를 위한 분산 버전관리시스템(分布式版本控制软件)이다. 기하학적 불변이론을 바탕으로 설계됐고, 빠른 수행속도에 중점을 두고 있는 것이 특징이다. 최초에는 리누스 토르발스(林纳斯·托瓦兹)가 리눅스 커널 개발에 이용하려고 개발하였으며, 현재는 다른 곳에도 널리 사용되고 있다.

为了管理程序等的源代码的分布式版本控制系统。其特点是,以几何学的不变理论为基础而设计,把重点放在快速执行的速度上。最初的林纳斯·托瓦兹是为了开发Linux内核而开发的, 现在在其他地方广泛使用。

GPU 图形处理器 Graphics Processing Unit

컴퓨터 그래픽을 담당하는 처리장치. OpenGL 2.0 이후로 그래픽은 Shader 기반으로 만들어지기 때문에 Shader 언어를 가동시킬 수 있는 GPU가 많이 사용된다.

负责处理计算机图像的设备。由于OpenGL 2.0 以上版本以图像Shader为基础制作, 所以就需要更多地使用能让Shader语言运转起来的GPU。

HDD 硬盘 Hard Disk Drive

고속의 대용량 자기디스크 외부기억장치. 가격이 싸고 용량이 크지만 충격에 약하고 속도가 느린 편이다.

高速大容量磁盘外部存储器。虽然价格便宜, 容量大, 但耐冲击力小, 速度慢。

HSV HSV色彩空间 Hue Saturation Value

색상을 표시하는 RGB와 다른 방법인 HSV를 3차원 벡터공간으로 보면 하나의 색상은 HSV 색채공간 상의 한 점으로 표시할 수 있다. H는 색상, S는 채도, V는 명도이다.

与表示颜色的 RGB方法不同, 把HSV看成3维矢量空间的话, 一个颜色的HSV色彩可以看做是空间上的一点。H是色调, S是饱和度, V是亮度。

HTML 超文本标记语言 HyperText Markup Language

웹 문서의 내용을 표시하기 위한 기본 표준언어. 웹 페이지의 내용을 표시할 수 있는 객체와 주소 등을 함께 기재할 수 있다.

为了标记网页文本内容的基本标准语言。可以同时记录网页上标记的对象和地址等。

instance instance instance

C++ 같은 객체지향 프로그래밍(OOP)에서 객체는 클래스로 선언을 한다. 이러한 객체가 new 등을 이용하여 동적할당 되면 메모리상에서 주소를 가지게 되고 이것을 instance라고 한다. 즉 실제로 존재하는 객체를 말한다.

与C++ 一样的面向对象编程(OOP)中, 对象将声明为类。这样的对象利用new等进行动态分配的话, 在存内存上就会拥有地址, 这就是instance。即, 实际存在的对象。

IoT 物联网 Internet of Thing

인터넷과 소형 컴퓨터를 연결하여 모든 사물이 지능적으로 작동할 수 있게 하는 개념.

| 把网络和小型计算机连接起来，让所有事物都能智能启动的概念。

IP 주소 IP地址 IP address

인터넷에서 통신을 주고받을 때 사용하는 주소. IPv4와 IPv6가 있다.

| 在网络通信的传送和接受时使用的地址。有IPv4和IPv6。

JSON JSON JavaScript Object Notation

Javascript 언어에서 객체를 저장/표현하는 방법. 기본적으로 트리 형태의 계층구조를 가진다. XML의 개념과 같다.

| 在Javascript语言中存储和表示对象的方法。带有基本的树形态的分级结构。与XML的概念相类似。

LCD 液晶显示器 Liquid Crystal Display

액정 디스플레이(液晶 Display) 또는 액정 표시장치(液晶表示裝置), 줄여서 LCD(Liquid Crystal Display)는 디스플레이 장치의 하나이며, 평판 디스플레이(FPD)의 한 종류이다. 액정은 전류가 통과하면 내부의 편광물질이 지나가는 빛을 차단하는 방식으로 광학적으로 수동형(Passive)이다. 스스로 발광하지 않기 때문에 전력을 거의 소비하지 않는다. 다만 후면에서 백색광을 비추어야 잘 보인다.

| 液晶显示器或者液晶显示装置，缩写为LCD(Liquid Crystal Display)

是显示器装置的一种，也是平面显示器(FPD)的一种。液晶里有电流通过时，用阻断经过其内部偏光物质的光的方法，光学上是被动式光(Passive)。由于自身不发光，所以基本上不消耗电，只有从背面照上白光才看得清楚。

LED 发光二极管 Light Emitting Diode

발광 다이오드(發光Diode)는 순방향으로 전압을 가했을 때 발광하는 반도체 소자이다.

发光二极管(发光二极体)是当正向施加电压时发光的半导体元件。

LOD 细节层次 Level of Detail

멀리 있는 물체의 모델링에 사용되는 폴리곤(polygon)의 개수를 줄여 표현하는 방법. 폴리곤을 여러 가지 미리 만들어두는 방법과 실시간으로 조정하는 두 가지 방법이 있다.

把远处物体的模型使用的polygon的个数减少的方法。有两种方法，一种是事先制造多个多边形，另一种是实时调整。

master boot record 主引导记录 master boot record

하드디스크 등의 외부기억장치에서 첫 번째에 위치하는 섹터의 기록내용이다. 여러 운영체제에서 중요한 정보를 기록한다.

这是在硬盘等外部记忆装置中第一个位置的扇区(sector)的记录内容。在各种操作系统中记录重要信息。

MPEG 运动图象专家组 Moving Picture Experts Group

MPEG은 ISO 및 IEC 산하에서 비디오와 오디오 등 멀티미디어의 표준 포맷이다. 음성 및 비디오 파일의 압축방법을 말한다.

MPEG是ISO及IEC旗下的影像和音响等多媒体的标准格式。是指音频和录像文件的压缩方法。

multiplexer 数据选择器 multiplexer

여러 개의 입력 중에서 어느 하나만 선택하여 출력하는 기능을 가진 제어장치.

在多个输入中选择一个输出的控制装置。

OAuth 인증 开放授权 Oauth authentication

인터넷 사용자들이 로그인 정보 / 비밀번호를 제공하지 않고 다른 웹사이트를 통해 웹사이트나 애플리케이션의 접근권한을 대신 확인하는 인증수단.

网络使用者们不提供登录信息、密码, 而是通过其他的网页代替确认认证网页或者应用程序的访问权限。

Objective-C Objective-C Objective-C

C 프로그래밍 언어에 스몰토크 스타일의 메시지 구문을 추가한 객체 지향 언어이다. 현재, 이 언어는 애플의 매킨토시의 운영체제인 OS X와 아이폰의 운영체제인 iOS에서 사용되고 있다. Objective-C는 애플의 코코아를 사용하기 위한 기본언어이며, 원래는 넥스트의 NeXTSTEP 운영체제에서 주 언어였다.

在C编程语言中, 添加Smalltalk风格的信息的面向对象语言。目前, 这

기타

种语言在苹果的麦景图的操作系统的OS X和苹果手机的操作系统iOS中使用。Objective-C是苹果公司为了使用Cocoa的基本语言，原来是NeXT电脑公司的NeXTSTEP操作系统中的主语言。

OLED 有机发光二极管 Organic Light Emitting Diode

빛을 내는 층이 전류에 반응하여 빛을 발산하는 유기화합물의 필름으로 이루어진 얇은 막의 발광 다이오드(LED)이다.

发光层是反应电流，散发光的有机化合物的胶片组成的薄膜发光二极管(LED)。

OpenGL OpenGL OpenGL

1992년 실리콘 그래픽스사에서 만든 2차원 및 3차원 그래픽스 표준 API 규격으로, 프로그래밍 언어 간 플랫폼 간의 교차응용 프로그래밍을 지원한다. 이 API는 약 250여 개의 함수 호출을 이용하여 단순한 기하도형에서부터 복잡한 삼차원 장면을 생성할 수 있다.

1992年美国硅图公司(Silicon Graphics)制作的2维及3维图像标准API规格，支持编程语言间平台间的交叉应用程序。这个API调用大约250多个函数，能生成单纯的几何图形以及复杂的3维场景。

PCM 脉码调制录音，脉冲编码调制 Pulse Coded Modulation

음성을 저장하거나 발생시키는 방법, 소리를 일정 주파수로 나눈 뒤 그 파형의 크기를 8비트, 16비트, 4비트 등으로 저장하는 방법이다. 이때 저장 효율을 높이기 위해 손실 또는 비손실 압축을 하는 경우가 있다.

其方法是将声音储存或发生的方法，声音按一定频率进行分类后，将波形大小以8比特,16比特,4比特等形式储存。此时,为了提高存储效率,分为有损压缩和无损压缩的情况。

perspective projection 透视投影 perspective projection

원근법을 적용하는 투영방법이다. 카메라에서 멀어진 물체는 크기가 작아지며 카메라의 뷰 앵글(view angle)에 따라 투시사영된다.

适用远近法的投影方法。离相机越来越远的物体大小会变小,根据相机的view angle角度进行透视和投影。

point light 点光源 point light

광원의 한 가지 종류. 한 점에서 빛이 360도 모든 방향으로 확산한다. 일반적인 전구와 같은 방식이다.

光源的一种,从一个点向所有的方向360度扩散。方式与普通灯泡相同。

prebake 预烘焙 prebake

실시간으로 처리하기에는 시간이 많이 걸리는 작업을 미리 처리한 뒤 그 값을 사용하는 방법이다. 대표적인 속도 최적화 중의 하나이다. 실사와 같은 광원 효과를 주는 라이트맵의 경우, 복잡한 연산을 필요로 하기 때문에 prebake 방식을 사용한다.

这是提前处理好本来需要很长时间处理的工作后,再使用该值的方法。其代表性的用法就是在速度优化上的方法之一。做出与实际光源效果相同的lightmap时,需要复杂的运算,所以用prebake的方式来做。

push notification 服务器推送/推送 push notification

미리 지정된 알림, 이벤트의 발생을 모바일 디바이스로 보내는 방법과 그 절차의 구현. 클라이언트 푸시(push)와 서버 푸시의 두 가지가 있다.

用移动设备发送提前定好的通知、活动的方法并实现其顺序。客户端有push和服务器 push两种。

REST API 具象状态传输 Representational State transfer

서버가 클라이언트의 API 요청을 받아서 서비스를 구현하는 방법의 한 가지. HTTP와 마찬가지로 현재 상태 정보가 없고 연결이 지속되지 않는 특징이 있다. 따라서 대용량의 분산처리 서비스를 쉽게 구현할 수 있다.

服务器接受客户端的API邀请, 实现服务的方法之一。与 HTTP相同, 存在无现在状态的情报信息, 且不持续连接的特点。因此, 可以容易实现大容量的分散处理服务。

RGB 색채공간 RGB色彩空间 Red Green Blue

트루 컬러(true color)의 개념은 빛의 삼원색인 RGB를 256단계로 나누어 3개의 정수로 컬러를 표현한다. RGB 각각은 x, y, z처럼 독립된 축으로 표현할 수 있으므로 3차원 벡터공간으로 표시할 수 있다. 이것을 RGB 색채공간이라고 한다.

true color 的概念是光的三原色RGB分为256个阶层, 用3个整数表现颜色。RGB各自可以用x,y,z这样独立的轴心来表现, 因此可以用3维矢量空间来表示。这个叫做 RGB色彩空间。

RGBA 색체공간 RGBA加色空间 — Red Green Blue Alpha

빛의 3원색에 투명도를 추가하여 픽셀 하나당 4가지 속성을 가지는 색상지정 방식. PNG, TGA 파일의 경우 하나의 픽셀마다 RGBA를 지정할 수 있다.

在光的3原色的基础上添加透明度,使每个像素拥有4种属性。PNG、TGA文件可以指定每个像素的RGBA。

RSA RSA加密算法 — RSA

비대칭 암호화 알고리즘. 소인수분해를 이용한 공개키 방식의 암호알고리즘이다.

非对称加密算法。利用质因数分解, 公开密钥方式的加密算法。

run length 압축 游程编码 — run-length encoding

간단한 비손실 압축 방법으로, 데이터에서 같은 값이 연속해서 나타나는 것을 그 개수와 반복되는 값만으로 표현하는 방법이다.

用简单的无损压缩方法, 在数据中相同的数值连续出现, 用其数量和反复的值来表现的一种方法。

sleep 함수 sleep函数 — sleep function

시간지연함수와 같다. 이 함수를 작동시키면 프로그램은 아무런 일을 하지 않고 지정된 시간이 지난 뒤에 다시 실행된다.

与延时函数一样。如果启动该函数, 则程序将不再做任何事, 而是在指定时间过后再次执行。

SOAP API 简单对象访问协议 Simple Object Access Protocol

HTTP에서 많이 볼 수 있는 XML을 이용한 서버-클라이언트의 통신 규약.

| 利用在 HTTP中经常能看到的XML的服务器-客户端的通信规约。

specular highlight 镜面光 specular highlight

물체에 빛을 적용할 때 생기는 강한 반사광. 주로 표면이 매끄럽고 반사가 잘되는 재질을 표현할 때 사용한다.

| 物体用光时产生的强反射光。主要用于表现表面光滑易反射的材质。

spot light 定位光 spot light

광원의 한 가지 종류. 한 점에서 빛이 정해진 방향으로 확산한다. 자동차의 헤드라이트 또는 실내등, 가로등과 같은 방식이다.

| 光源的一种。光从一个点向固定的方向扩散。汽车的头灯或室内的灯、路灯等都是相同的方式。

SQL SQL SQL

관계형 데이터베이스에서 가장 많이 사용되는 쿼리 언어이다.

| 关系式数据库管理系统中使用最广泛的查询语言。

기타

SSD 固态硬盘 Solid State Disk

HDD를 대체하기 위한 외부기억장치. 순수하게 반도체로 이루어져 있어 가격이 높지만 충격에 강하고 빠르다.

代替HDD的外部记忆装置。由纯半导体构成, 虽然价格高, 但耐冲击性强且很快。

STL 标准模板库 Standard Template Library

C++의 표준 라이브러리 세트로 STL(Standard Template Library) 도메인을 사용한다. Vector, Queue, Map, Stack 등 다양한 기본구조를 가지고 있다.

使用C++的标准库,使用STL(Standard Template Library)域名。具有Vector, Queue, Map, Stack 等多种类的基本结构。

STL 맵 STL map STL map

STL에서 지원하는 컨테이너(STL关联容器). 키와 내용이 쌍으로 저장되며 키값을 알면 내용을 빠르게 검색할 수 있다.

STL提供的关联容器。Key和内容都是成对存储, key值知道的话可以快速搜索到内容。

svn subversion/svn subversion

서브버전(subversion)은 자유 소프트웨어 버전관리 시스템이다. 명령행 인터페이스에서 사용하는 명령어를 따서 "SVN"이라고 부르기도 한다. 2000년부터 개발되었다. 현재는 아파치(Apache) 최상위 프로젝트로서 전 세계 개발

기타

자 커뮤니티와 함께 개발되고 있다.

| 服务器版本(Subversion)是自由软件管理版本管理系统。根据命令, 在接口中使用的命令语, 亦称"SVN"。2000年开始开发。目前Apache是最顶级的项目, 与全世界开发者社区一起开发。

TCP 传输控制协议 Transmission Control Protocol

인터넷 통신의 프로토콜. 전송되는 데이터 패킷의 완결성이 보장된다.

| 网络通信协议。保障传送的数据包的完整性。

UDP 用户数据报协议 User Datagram Protocol

인터넷 통신의 프로토콜. 데이터 패킷이 TCP에 비해 빠르게 전송된다. 실시간 통신이 중요한 온라인 게임에서 많이 사용한다. UDP는 연결을 설정하지 않고 수신자가 데이터를 받을 준비를 확인하는 단계를 거치지 않고 단방향으로 정보를 전송한다.

| 网络通信协议。数据包比TCP传送更快。在实时通信比较重要的网络游戏上比较常用。UDP不需要设定连接, 也不需要接收方进行接收确认的准备, 是单方向的情报传送。

URL 统一资源定位符 Uniform Resource Locator

네트워크상에서 자원이 어디 있는지를 알려주기 위한 규약이다.

| 这是告知网络上资源在哪里的协定。

viewport 视口 viewport

컴퓨터 그래픽 화면에서 렌더링 결과가 표시되는 영역. Viewport를 조절함으로써 화면 전체에 결과를 표시하게 할 수 있고 화면의 일부분에 한정되게 할 수도 있다.

在计算机图形中，画面中显示渲染效果的部分。计算机图形中表示在画面中渲染效果的区域。由于调节 Viewport可以表示出画面全体的结果，也可以限制在画面的一部分。

XML 可扩展标记语言 extensible mark up language

객체를 저장/표현하는 방법. 기본적으로 트리 형태의 계층구조를 가진다. 웹에서 많이 사용된다.

存储及表现对象的方法，具有基本的树形态分级结构。在网页中常用到。

한글 찾아보기

ㄱ

가베지 콜렉션 180
가상함수 180
가상현실(VR) 10, 180
가속도 180
가속도계 181
가챠(시스템) 10
간트 차트 10
감정, 정서 11
갓 게임 11
강체 181
강화 11
개발 12
개발사, 개발자 12
개발환경 181
객체 12
객체지향 프로그래밍 182
건축 12
검색 182
게임 12
게임 공간 13
게임 규칙 13
게임 기획 13
게임 기획자 14
게임 디자인 문서 14
게임 마스터 14
게임 메커닉스 15
게임 엔진 15
게임 이론 15
게임 종료 16
게임 중독 16
게임 토큰 17
게임 패들 17
게임 화폐 17
(게임의) 특징 147
게임화, 게이미피케이션 18
겜보이 18
결말이 열려 있는 18
경쟁 19
경주형 19
경험치 19
계정 20
고전 게임 20
고정소수점 182
곡선 183
공개키 암호 183
공동작업, 협업 20
공용체/유니언 183
공전 183
공정한 경기 21
관점, 시점 21
광원 184
광학 문자 인식/OCR 184
괴혼(게임 이름) 21
구조 21
구조체/자료구조 184
군중(몹) 22
규칙 깨기 22
균등한 기회, 기회 균등 23
그래프 알고리즘 185
그래픽카드 185
그리퍼 23
근사코드 185
기계학습 185

기능, 함수 23
기능성 게임 23
기대를 넘어선, 기대 이상의 24
기대하지 않은 결과 24
기댓값 24
기본값 186
기호학 25
길 찾기 알고리즘 186
길드 26
길찾기 25
깊이버퍼 186
꼭짓점 정점 187
끝맺음 자막 26

ㄴ

난독화 190
난반사 190
난수 190
난이도 곡선 28
난이도 시스템 28
내비게이션 시스템 28
내장된 서사 29
널 문자/널 포인터 191
널값 참조 191
네트워크 29
노벨티 29
노하우 29
논리대수 191
논리연산 191
닌텐도(일본의 게임회사) 30

ㄷ

다마고치(육성 게임) 32
다이어그램 32
다중 결말 32
달리기 게임 33
대립, 갈등 33
대입 194
대체 현실 게임 33
대칭 194
대칭키암호 194
던전 앤 드래곤즈(게임 이름) 34
데모 34
데스 매치 34
데이터베이스 194
델타타임 195
도전(도전과제) 35
도트 35
동기 35
동물의 숲(게임 이름) 36
동영상 195
동적 난이도 조정 36
동적할당 195
동키콩(게임 이름) 36
드라이빙 게임 37
드롭다운 메뉴 196
드롭률 37
디렉터(감독) 37
디버깅 196
디지타이저/태블릿 196
디지털 서명 196
디펜스 게임 38
딥러닝 197

ㄹ

라디안 200

라디오버튼 200
라이브러리 200
라이선스 40
라이트맵 200
라즈베리파이 201
락온 표적 시스템 40
래그돌 201
랙 40
랜 파티 41
랭킹, 순위 41
레벨 업 41
레벨 41
레이 트레이스, 광선 추적 201
레이드(습격) 42
레이싱 게임 42
레이턴시(지연시간) 42
레코드/튜플 202
렌더링 202
로그 라이크 43
로그 43
로그아웃 43
로그인 43
로딩 202
로열티 44
롤 플레잉 게임 44
롤러코스스터 타이쿤(게임 이름) 44
루아 203
리눅스 203
리듬 게임 45
리로드, 재장전 45
리스트 뷰 203
링크 203

ㅁ
마나 점수 48
마우스 48
마찰력 206
망각 곡선 48
매뉴얼, 사용설명서 49
매슬로의 욕구 단계 49
매직 서클(마법의 원) 49
매핑 50
머그(멀티 유저 그래픽) 50
머드(멀티 유저 던전) 50
머시니마 51
머피의 법칙 51
멀티 플레이 51
메뉴 206
메모리 52, 206
명도 206
명령어 207
모듈 207
모듈러 연산 207
모바 52
모바일 게임 52
모서리 207
모션 캡처 208
모터 208
목표 대상층 53
목표 52
몰입 53
무료 게임 53
무의식적인, 잠재적인 53
무한루프 208
문명(게임 이름) 54
문자열 208

문제해결 54
물리엔진 209
물리적 인터페이스 54
미디 209
미로 209
미리보기 209
미미크리(모방) 55
미분 210
미하이 칙센트미하이 55
미학(적 요소) 55
믹서 210

ㅂ

바둑 게임 58
바이오피드백 게임 58
바이트 212
바이페드 212
반발계수 212
반복문 212
반복적 디자인 58
반복적 피드백 59
반지의 제왕(소설 제목) 59
발견 59
발산 213
발현 60
방관자 효과 60
방패, 보호막 60
방향키 213
배급 61
배열 213
백업 213
밸런스(균형) 61
버그 214
버전 61, 214
버전관리시스템 214
버튼 62
버퍼 215
버프 62
법선 215
베지어곡선 215
베타 테스트 62
벡터 215
벤처 기업 63
벤처 자본 63
벤치마크 64
벽돌깨기(게임 이름) 64
변곡점 216
변수 216
보드 게임 64
보상 65
보스 65
복소수 216
복잡성 65
복호화 216
본 애니메이션 217
본능 66
부동소수점 217
부모, 부모노드 217
부스터 66
부스트 라이브러리 218
부팅 218
분기 218
분산 219
불신에 대한 자발적 중지 66
불안, 초조 67
불확실성 67

뷰 볼륨 219
브라우저 게임(웹게임) 67
브레인 라이팅 68
브레인스토밍 69
블루투스 219
블리자드 엔터테인먼트 69
비교/비교연산 220
비대칭 정보 69
비디오 게임 70
비밀번호 70
비선형 70
비주얼 노벨 71
비트 220
빌드 220
빌링 71
빛의 삼원색 220

ㅅ

사각형 224
사교가 유형 74
사냥 74
사례 연구 74
사업 모델, 수익 모델 75
사영 224
사용자 식별/사용자 인증 224
사용자 인터페이스 75, 224
사운드 디자이너 76
사원수 225
사이드 뷰 76
사회적 상호작용 76
산술 225
산술연산 225
삼각함수 226
삼각형 226
상속 226
상수 226
상점 77
색상 227
색의 삼원색 227
샌드박스 77
샘플링 227
서버 77, 228
서보(모터) 228
서브루틴 228
서사 78
선분 228
선언 229
선전 78
선형 229
선형변환 229
설명 78
성공 79
성별 79
성취가 유형 79
세가(일본의 게임 회사) 80
세계공간 230
세이더 230
세이브 포인트 80
센서 230
셀렉트버튼/체크버튼 230
소수 231
소실점 231
소통 80
속도 최적화 231
속성 81
솔루션 232

수렴 232
수요 81
수집, 채집 81
순위표 82
스도쿠(퍼즐게임) 82
스레드 안전 233
스레드 232
스카이박스 233
스칼라 233
스케줄, 일정표 82
스켈레톤/골격 234
스크롤 82
스크롤 바 234
스크린 83
스크립트 234
스킬(기술) 83
스택 234
스테이지 83
스토리텔링 84
스톡홀름 신드롬 84
스트레스 테스트 85
스트리밍(기술) 85
스팀 85
스프라이트 235
스플래시 235
슬롯 머신 86
승리 조건 86
승리 86
시간 제한 87
시간지연함수 235
시나리오 87
시뮬레이션(모의실험) 87
시장 조사 88
시점 236
시프트 연산/산술 시프트 236
시행착오 88
식별성 88
신경망 236
실수 236
실시간 89, 237
실시간 전략 게임 89
실패 90
실행 237
싱글 플레이 90
싱글톤 패턴 237
써드 파티(개발사) 90

ㅇ

아두이노 240
아바타 92
아이들링 240
아이디어 92
아이콘 240
아이템 92
아이템 현금 거래 92
아이토이(일본의 게임기) 93
아케이드 게임 93
아타리(미국 게임회사) 93
안개 241
안드로이드 94, 241
알고리즘 94, 241
알파 테스트 94
알파채널 241
암묵적 규칙 95
암호화 242
압축 242

애니메이션(동작) 95
애니메이션 242
애플 95
애플리케이션 242
액션 게임 96
앰비언트 라이트/주변광 243
앰비언트 오클루전 243
앱 243
앱스토어 243
양자암호 244
양자화 244
어드벤처 게임(모험 게임) 96
어셋 스토어 97
어셋 96
어포던스, 행동유도성 97
언리얼 4 244
얼굴 표정 97
업그레이드 98
업데이트 98
에듀테인먼트 98
에디터 245
에뮬레이터 99
에티켓 99
엑스박스 키넥트 99
엔진 245
역동적인 100
연산 245
연산자 우선순위 246
연산자 245
열거형 246
영화제작(촬영) 100
예산 100
예술가 100
예약어 246
오락 101
오일러 각 247
오프라인 101
오픈 소스 소프트웨어 101
오픈 소스 247
온라인 게임 102
외주 102
요소 102
용량 최적화 248
용량 247
우월전략 102
운 103
운동 103
운영체제 248
원 248
원점 248
웹 게임 103
위기 완화 103
위험(요소) 평가 104
윈도우 249
유니코드 249
유니티3D 249
유머 104
유비소프트(게임 회사) 105
유사난수 250
유저, 사용자 105
유전자 알고리즘 250
육각형 250
음성 채팅 105
음성인식 250
음성출력 251
의미 있는 플레이 106

의사결정 나무 107
의사결정 106
이동/평행 이동 251
이동마찰계수 251
이벤트 발생 252
이벤트 107, 251
이스터 에그 107
이야기 108
이익 108
이진트리 252
이코(게임 이름) 108
익숙함, 낯익음 109
인간 행동 109
인간공학 109
인공적인 109
인공지능(AI) 110
인공지능 252
인구통계학 110
인덱스 범위 오류 253
인덱스 252
인덴테이션 253
인디 게임(독립 게임) 110
인라인함수 253
인벤토리 111
인수 253
인앱결제 254
인증서 254
인지부조화 이론 111
인큐베이션 112
인터넷 112
인터폴레이션 254
일링크스(어지럼증) 112
임의, 무작위적 113
입력장치 255
입력필드 255

ㅈ

자금 조달(투자유치) 116
자기 표현 116
자료구조 258
자바 258
자식, 자식노드 258
자연어처리 259
자원 116, 259
자유 의지 116
자전 259
자존감, 자아존중감 117
장기 117
장난감 117
장르 118
장애물 118
재귀호출 259
재미 118
재방문율 119
재질 259
저장 119
저항식 터치/감압식 터치 260
적분 260
전략 게임 119
전역변수 260
전쟁 게임 120
전투 120
절차, 과정 121
점수, 득점 121
접근성 121
접선 260

접점 261
정규화 261
정렬 261
정사각형 261
정사영 262
정수 262
정액제 시장 121
정적변수 262
정적인 122
정적함수 263
정전식 터치 263
정지마찰계수 263
제네릭 프로그래밍 263
제로섬 게임 122
제약사항 122
제어 시스템 123
젤다의 전설(게임 이름) 123
조건식 264
조사연구 123
조이스틱 124, 264
조인트, 관절 264
좌절 124
좌표계 264
좌표축/축 265
죄수의 딜레마 124
주기함수 265
주문형 게임 125
주사위 굴리기 125
주석문 265
주인공 125
(주인공의) 상대역 77
주파수 265
중력 266
중점 266
즐거움 125
증강현실(AR) 126
증강현실 266
지도 126
지러닝, 게임기반학습 126
지루함 127
지수적 267
지역 규칙(지역마다 다른) 127
지역공간 267
지역변수 267
지적 재산권 127
지침서 127
지하 감옥 128
직렬화 267
직선 268

ㅊ

채도 270
처벌 130
철권(게임 이름) 130
체력 점수 130
체스(게임 이름) 131
초기속도 270
초기화 270
초점 270
최댓값 271
최솟값 271
최적화 271
출력장치 271
충돌 272
충돌체크 272
치트 코드 131

치트키 131

ㅋ

카드 게임 134
카드 섞기 134
카드판(모음) 134
카메라 274
카지노 134
캐릭터 속성 135
캐릭터 134
캐스팅변환/타입변환 274
캐시 274
캐주얼 게임 135
커뮤니티 135
커서 136, 274
컨트롤러(조종기) 136
컬링 275
컴파일 275
컴파일러 275
컴포넌트 275
컷 신 136
코덱 276
코미디 136
콘셉트 디자인(개념 설계) 137
콘셉트 아트 137
콘솔(게임전용기) 137
콘솔 276
콘텐트 자동생성 277
콤보, 연속 공격 137
쿼리 277
쿼터 뷰 138
퀘스트 138
퀴즈 게임 138
큐 277
클라우드 서비스 139
클라우드 277
클라이언트 139
클래스 278
클랜 140
클럭 278
클리셰, 상투적인 표현 140
키 프레임 278
키보드 140
킬러(살인자) 유형 141

ㅌ

타깃 디바이스 280
타워 280
타일맵 280
타임라인 280
탁자용 게임 144
탈것, 이동수단 144
탈출 게임 144
탐험가 유형 144
탑 뷰 145
탭 메뉴 281
턴제 145
테마파크 145
텍스처 매핑 281
템플릿 281
통일 확장 펌웨어 인터페이스 282
통제감 146
통제의 역설 146
투영 282
튜링머신 282
튜토리얼 146

트랜스액션 283
트레일러(예고편) 147
트루컬러 283
트리거 283
특수효과 147
팀워크 148

ㅍ
파괴 150
파사드 150
파싱 286
파워 업 150
파이널 판타지(게임 이름) 150
파이선 286
파이프라인 286
파일 포맷 287
파일 핸들 287
파일 286
파칭코 151
파티클 시스템 287
팝업 메뉴/콘텍스트 메뉴 288
패리티 체크 288
패미콤(일본 게임기) 151
패치 151
패킷 152, 288
퍼블리셔 152
퍼즐게임 152
페이지 뷰 153
페이퍼 프로토타입 153
평균 288
평면 289
포물선 289
포스트모템(사후분석) 153
포인터 289
포인트 앤 클릭 게임 154
포커스 그룹 인터뷰 154
포털 사이트 154
폴리곤 메쉬 289
폴리곤 155
퐁 155
표준편차 290
푸시버튼 290
풀링 290
품질 검수(업무) 155
프레임 레이트 290
프레임 속도 291
프로그래머 155
프로그래밍 291
프로듀서 156
프로세서 레지스터 291
프로젝트 관리 156
프로토콜 292
프로토타입 156
프리팹 292
플래그 292
플래시몹 157
플랫폼 157
플레이 테스트 157
플레이스테이션(게임기) 158
플레이어 158
플로우 차트 158
플로우(몰입) 158
피규어 159
피그말리온 효과 159
피드백 159
피타고라스 정리 292

피파 축구 게임 160
피해 160
픽셀 293
핀볼 게임 160

ㅎ
하드코어 162
하프 라이프(게임 이름) 162
할리우드 액션 162
함수 오버라이딩 296
함수 오버로딩 296
함수 296
해상도 296
해시함수 297
해킹 162
핵심 게임 플레이 163
핵심 메커닉 163
허수 297
헤드 샷 163
헤일로(게임 이름) 164
현지화 164
협력 164
호기심 164
호출 297
화소 165
확대축소/스케일 298
확대축소 297
확률 165, 298
환경 165
활성화 298
회전 299
횡 스크롤 165
휘도 299
흥미로운 선택 166
힌트 166
힐링, 치유 166
힘 299
힙 299

A
A* 302
API 303
ARPPU 169
ASCII 코드 303

B
BIOS 303
break point 303

C
C# 304
C++ 304
check sum 304
CPU 305

D
DDA(Dynamic Difficulty Adjustment) 36
DDR(게임 이름) 170
device driver 305
directional light 305
DirectX 306

E
EA(미국 게임 회사) 170
emission 재질 306

ESRB 171
e스포츠 170

F
firmware 306

G
git 307
GPS 171
GPU 307
GTA(게임 이름) 171

H
HDD 307
HSV 308
HTML 308

I
IDC, 인터넷 데이터 센터 172
instance 308
IoT 309
IP 주소 309

J
JSON 309

L
LCD 309
LED 310
LOD 310

M
master boot record 310
MDA 프레임워크 172
MMOG 172
MMORPG 173
MOD 173
MPEG 311
multiplexer 311

N
NPC 173

O
OAuth 인증 311
Objective-C 311
OLED 312
OpenGL 312

P
PCM 312
PC게임 174
perspective 313
PK 174
point light 313
prebake 313
push notification 314
PVP 174

R
REST API 314
RGB 색채공간 314
RGBA 색체공간 315
RSA 315
run length 압축 315

S
sleep 함수 315
SOAP API 316
specular highlight 316
spot light 316
SQL 316
SSD 317
STL 맵 317
STL 317
svn 317
SW를 설치하다 174

T
TCP 318

U
UDP 318
URL 318

V
viewport 319

W
Warcraft(게임 이름) 175
WASD 키 175
Wii(위) 175
WOW 176

X
XML 319

1
1보드 컴퓨터 302
1인칭 슈팅 게임 168
1초당 프레임 수 168
1칩 컴퓨터 302
2D(투디) 168
3D(쓰리디) 169
3인칭 시점 169

중문 찾아보기

A

α测试 94

β测试 62

安装、安置 174

安卓 94, 241

按钮 62, 290

A*算法 302

Alpha合成 241

API 具象状态传输 314

arduino 240

B

版本 61

版本控制系统 214

版税 44

半条命/半衰期 162

饱和度 299

暴雪娱乐 69

爆头 163

貝兹曲線 215

备份 213

本能 66

本土化 164

比例 298

比特 220

边 207

编辑软件 245

编解码器 276

编译 275

编译器 275

变量 216

标杆 64

标量 233

标准差 290

标准模板库 317

补丁 151

不安、焦灼 67

不动点定理 182

不确定性 67

布娃娃物理系统 201

部落、社区、战队 140

Boost C++ 库 218

build 220

C

材质 259

材质贴图 281

采样 227

菜单 206

操控感 146

操控系统 123

操纵、控制台 276

操作数 245

操作系统 248

侧视 76

测绘、测图 50

策略类游戏（策略游戏） 119

插值 254

查询语言 277

常数 226

超出预期值 24

超文本标记语言 308

沉浸、沉迷 53, 158

陈腔滥调, 老套的表现 140

成功 79
成就者（类型） 79
程序错误 214
程序内购买 254
程序设计 291
程序员 155
初始化 270
初始速度 270
储存点 80
处罚 130
触发 252, 283
川流技术（流传媒） 85
传感器 230
传输控制协议 318
摧毁、破坏 150
存储 119
挫折、失败 124
C# 304
C++ 304

D

答题游戏, 解密游戏 138
打猎 74
打破规则 22
打砖块 64
大金刚 36
大型多人在线角色扮演游戏 173
大型多人在线游戏 172
代码混淆 190
单板计算机 302
单例模式 237
单人游戏 90
弹球盘, 弹珠机 151
弹珠游戏 160
当地空间 267
导航系统 28
导数 210
导演 37
道具 92
道具现金交易 92
得分 121
登录 43
等级 41
(主人公的) 敌对方 77
地牢 128
地图 126
地域规则 127
递归 259
第三方 90
第三人称视角 169
第一人称射击游戏 168
点光源 313
电动机 208
电脑存储器 206
电容式感应 263
电影制作方法(电影艺术, 摄影) 100
电子竞技 170
电子游戏 70
电阻式 260
掉落率（丢失率） 37
叠加型原色 220
顶视图 145
定位光 316
定向光 305
定制游戏 125
动机 35

动态的、动力的 100
动态难易度调整动态难度调整 36
动态内动态内存分配 195
动物之森 36
动作 242
动作（动画） 95
动作捕捉 208
动作类游戏 96
独立游戏 110
赌场 134
断点 303
堆内存 299
堆栈 234
队列 277
对称 194
对称密钥加密 194
对话框 288
对象池模式 290
对战 174
多边形网格 289
多结局 32
多人游戏 51
多人在线战术竞技游戏 52
多使用者空间 50
多用户网络游戏音乐游戏 50
DirectX 306

E

二叉树 252
二足行走 212

F

发光材质 306
发光二极管 310
发现 59
发现、出现 60
法向量 215
反复设计 58
反馈 159
泛型程序设计 263
方差 219
方向键 213
防御游戏 38
非玩家控制角色 173
非线形非线性的 70
分配 61
分支结构 218
风险减轻 103
风险评估 104
风险资本 63
服务器 77, 228
服务器推送/推送 314
服务软件 243
浮点数 217
符号学 25
俯视 138
父亲节点 217
复活节彩蛋 107
复数 216
复选框 230
复杂性 65
FIFA足球游戏 160

G

概率 165, 298
概念设计 137

概念艺术 137
甘特图/横道图/条状图 10
感情、情绪 11
刚体 181
高科技企业，风险企业（创业公司，风险投资公司） 63
个人头脑风暴法 69
更新 98
工会 26
公开密钥加密 183
公开密钥认证 254
公平的比赛 21
公仔 159
公转 183
功能、函数 23
功能可供性 97
功能性游戏 23
勾股定理 292
沟通 80
构造 21
古堡迷踪 108
骨骼 234
骨骼动画 217
固件 306
固态硬盘 317
故事情节（故事） 108
故事叙述 84
拐点 216
关键帧 278
关节 264
关卡 83
关系运算子 220
观看 236
光标 136, 274
光线追踪 201
光学字符识别 184
光源 184
光晕 164
光照图，光线映射 200
滚动 82
滚动条 234
国际象棋 131
过程 121
过程生成 277
过山车大亨 44
Gacha系统 10
git 307

H

函数 296
函数重载 296
好莱坞动作 162
好奇心 164
合作 20
合作、合力 164
核心部分 162
核心机制 163
黑客 162
横版游戏，横版过关游戏 165
弧度 200
滑动摩擦 263
化身（虚拟化身） 92
环境 165
环境光散射 243
环境光线；周围光；背景光；侧面光 243
缓冲器 215

缓存 274
恢复系数 212
回合制 145
绘图管线 286
绘制多边形,函数多边形 155
混频器 210
活动 107
活化、激活 298
HSV色彩空间 308

I

instance 308
IP地址 309

J

机会,运气 103
机器学习 185
机械电影/引擎电影 51
机制动态美学架构 172
积分 260
基本输入输出系统 303
基于游戏的学习（游戏式学习） 126
基于组件 275
集成开发环境 181
计算程序 241
计算机网络 29
计算机应用程序 243
技能 83
继承 226
寄存器 291
加密 242
加速度 180
加速规 181
加载 202
家庭电脑 151
驾驶类游 33
驾驶类游戏 37
简单对象访问协议 316
建筑 12
键盘 140
奖励 65
交通工具 144
焦点 270
焦点小组访谈 154
角色 134
角色扮演游戏的一个子类 43
角色属性 135
脚本 234
教程、指导 146
教育性娱乐 98
接触点 261
街机游戏、大型电玩 93
节奏游戏、音乐游戏 45
解决方案 232
解决问题 54
解谜, 难题, 益智游戏猜谜游戏 152
解密 216
经典游戏 20
经验值 19
竞赛类 19
竞争 19
静态变量 262
静态程序 263
静止的 122
镜面光 316
镜头 136

局部变量 267
剧本、方案 87
决策 106
决策树 107
均等机会 23
Java 258
JSON 309

K

卡牌类游戏(桌游) 64
卡牌游戏 134
卡片盘, 游戏桌垫 134
开发 12
开发者 12
开放式结局 18
开放授权 311
开放源代码软件开源软件 101
开源软件 247
康复, 治疗 166
可达性接近性 (可玩性) 121
可扩展标记语言 319
客户端 139
客体 12
空引用异常 191
空转 240
空字符 191
控制悖论 146
控制杆 264
库 200
快乐、乐趣 125
快闪快闪族 157
塊魂(块魂) 21
扩散 213

L

垃圾回收 180
蓝牙 219
老虎机 86
乐趣 118
类 278
类型, 题材 118
类型转换 274
礼节、礼仪 99
力 299
利益 108
粒子系统 287
连击 137
联合 183
链接 203
量化 244
量子密码 244
列表控件 203
零和博弈 122
浏览量, 综合浏览量 153
六边形 250
龙与地下城 34
逻辑代数 191
Linux 203
LUA 203

M

马斯洛的需求阶段 49
脉码调制录音, 脉冲编码调制 312
漫反射光 190
矛盾, 对立 33
冒险类游戏 96
枚举 246

每秒帧数 168
美国信息交换标准代码 303
美国艺电公司 170
美学(要素) 55
门户网站 154
迷宫/迷路园 209
米哈里齐克森·米哈里; 契克森米哈赖 55
秘籍 29
密码 70
免费游戏 53
面部表情 97
面向对象程序设计 182
明度 206
命令 207
模板 281
模仿 55
模块 207
模拟(仿真程序) 99
模拟类游戏 87
模算数 207
摩擦力 206
魔法阵 49
魔法值 48
魔兽世界 176
魔兽争霸（魔兽世界） 175
墨菲定律 51
目标 52
目标对象层（目标受众） 53
目标设备 280

N

难度曲线 28
难度系统 28
内存 52
内联函数 253

O

欧拉角 247
Objective-C 311
OpenGL 312

P

排行 41
排行榜 82
排序算法 261
旁观者效应 60
抛物线 289
配合、协力 148
碰撞 272
碰撞侦测 272
皮格马利翁效应 159
片尾字幕 26
频率 265
平衡、均衡 61
平均 288
平面 289
平台 157
平移 251
苹果 95
屏幕 83
PC端游戏 174
Pong 155
projection 透视投影 313
PS游戏机 158
Python 286

Q
期待值 24
奇偶校验位 288
启动界面 235
潜规则 95
嵌入叙事 29
强化 11
切线 260
囚徒困境 124
驱动程序 305
曲线 183
圈 248
全局变量 260
缺省值 186
群众 22

R
人工的 109
人工智能 110, 252
人口统计学 110
人类工程学 109
人类行为 109
认购市场 121
认知失调 111
任天堂 30
任天堂推出的一款家用游戏机 175
任务 138
任意地、随机地 113
日本的游戏机 93
日程表 82
容量 247
容量优化 248
软件(平台) 85
软件版本号 214
RGBA 315
RGB色彩空间 314
RPG角色扮演游戏 44
RSA加密算法 315

S
塞尔达传说 123
赛车类游戏（竞速游戏） 42
三角函数 226
三角形 226
散列函数 297
色彩深度 283
色相 270
杀人者（类型）杀手 141
沙盒 77
伤害 160
商标 43
商店 77
上帝模拟游戏 11
设计文件, 游戏设计文件 14
社会的相互影响 76
社交家（类型） 74
社区 135
射影 224
深度缓冲 186
深度学习 197
神盾局（护盾） 60
神经式网络 236
升级 41
生命值 130
生物反馈游戏 58
胜利 86

胜利条件 86
失败 90
时间轴 280
时限（限时） 87
时钟频率 278
识别性 88
实时 89, 237
实时战略游戏 89
实数 236
矢量 215
使用说明书/指南 49
使用者界面 224
世嘉公司 80
世界空间 230
市场调查 88
事后分析 153
事件 251
事例研究 74
试错法 88
试图骚扰或激怒其他玩家的人 23
试映, 预演; 预告片; 象征, 预示 209
视角 21
视觉小说 71
视口 319
视频 195
视体/见平截头体 219
收集 81
收敛 232
手游 52
书面头脑风暴法 68
输出设备 271
输入设备 255
属性 81
鼠标 48
树莓派 201
数独 82
数据包 152, 288
数据结构 184, 258
数据库 194
数据库规范化 261
数据库事务 283
数据选择器 311
数码绘图板 196
数字签名 196
数组 213
说明 78
斯德哥尔摩综合征 84
死亡比赛 34
死循环 208
四边形 224
四元数 225
伺服(电机) 228
搜索算法 182
速度优化 231
算法、计算 94
算术 225
算术操作 225
随机数 190
缩放 297
缩进 253
索引 252
索引越界 253
锁定目标系统 40
sleep函数 315
SQL 316
STL map 317

subversion/svn 317

T
探险家（类型） 144
逃跑游戏，逃脱游戏，密室逃脱游戏 144
特效 147
（游戏的）特征 147
剔除 275
提升 150
提升、提高（升级） 98
提示、暗示 166
天空盒子 233
挑战 35
条件表达式 264
调拨资金 116
调查研究 123
调试 196
调用，使用 297
跳舞机劲舞革命（游戏名称） 170
铁拳 130
统一可扩展固件接口 282
统一码 249
统一资源定位符 318
偷袭、突袭 42
投影 282
图标，图符240
图表、示意图 32
图灵机 282
图论 185
图片精灵 235
图形处理器 307
椭圆 280
拓麻歌子（养成类游戏）也叫宠物蛋 32

U
Unity3d 249

V
vertex 187

W
瓦片地图 280
外包(业务外包) 102
外表，建筑的正面 150
外挂作弊键 131
玩家 158
玩家对战玩家、PK路线 174
玩笑 玩具 117
网络 112
网络数据中心 172
网页游戏 103
网页游戏 67
围棋游戏 58
伪代码 185
伪随机数 250
卫星定位全球定位系统 171
未联机的离线 101
位操作 191
文本框 255
文件 286
文件格式 287
文件描述符 287
文明 54
无意识的、潜在的 53

物理界面 54
物理引擎 209
物联网 309
物品栏 111
雾 241
WASD键 键盘里上下左右键 175
Windows操作系统 249

X

洗牌 134
喜剧 136
细节层次 310
侠盗猎车手 171
下拉式菜单 196
显卡 185
显示分辨率 296
现实交替游戏 33
线程 232
线程安全 233
线段 228
线形的 229
线性变换 229
相似性熟悉度 109
想法 92
项目管理 156
象棋 117
像素 165, 293
消减型原色 227
消失点 231
小样（演示版） 34
校验和 304
协议 292
芯片计算机 302
新奇的 29
信息不对称 非对称信息 69
性别 79
休闲游戏 135
虚函数 180
虚幻4 244
虚拟现实 10, 180
虚数 297
需求 81
许可证 40
序列化 267
叙述、故事 78
宣传 78
宣言 229
旋转 299
选项卡菜单 281
选择钮 200
眩晕症 112
渲染 202
寻路 186
寻路（路径搜索） 25
循环 212

Y

压力测试 85
压缩 242
雅达利 93
延迟时间（延时） 42
延时功能 235
颜色 227
厌倦 127
要素 102
液晶显示器 309

一款家用电视游戏机 99
移位操作 236
遗传算法 250
遗忘曲线 48
艺术家 100
意外的结果 24
音乐数字接口/MIDI 209
音聲合成, 从文本到语音 251
音效设计师 76
引导程序 218
引用参数 253
营销模式, 商业模式 75
应用程序 242
应用程序接口 303
硬盘 307
用户 105
用户ID 224
用户界面 75
用户平均收入ARPPU: 平均每付费用户收入 169
用户数据报协议 318
幽默 104
游程编码 315
游戏 12
游戏板游戏手柄 17
游戏币 17
游戏测试 157
游戏策划 13
游戏策划者 14
游戏出版商(发行商) 152
游戏代币 17
游戏规则 13
游戏核心玩法 163
游戏化 18
游戏机(游戏主机) 137
游戏机操控器 136
游戏机名字 18
游戏结构 15
游戏结束 16
游戏结算计费系统 71
游戏空间 13
游戏理论 15
游戏流程图 158
游戏模组 173
游戏上瘾(游戏成瘾) 16
游戏手柄、操纵杆操纵杆 124
游戏玩家聚会(LAN派对) 41
游戏延迟 40
游戏引擎 15, 245
游戏预告片 147
游戏主持者 14
有机发光二极管 312
有趣的选择 166
有意义的玩法 106
娱乐 101
娱乐软件分级委员会 171
语法分析 286
语音聊天 105
语音识别 250
育碧娱乐软件公司 105
预定字 246
预烘焙 313
预算 100
预制资源 292
原点 248
原型 156

圆点 35
云端 云服务 139
云计算 277
孕育期 112
运动, 训练 103
运动图象专家组 311
运行 237
运算 245
运算次序 246

Z

再访问率 119
再装, 重新下载 45
在线游戏 102
增量时间 195
增强现实 126, 266
增益效果 62
占优策略优势策略 102
战斗 120
战争类游戏 120
账户 20
障碍物 118
照相机 274
帧率 290, 291
整数 262
正方形 261
正射投影 262
知识产权 127
直 268
值组 202
纸原型 153
指定叙述 194
指环王 59
指南 127
指数的 267
指向和点击游戏 154
指针 289
制约事项 122
制作人 156
质量保证 155
质数 231
掷骰子 125
中心点 266
中央处理器 305
终极怪兽（敌人首领） 65
重复反馈 59
重力 266
重写 296
周期函数 265
主人公 125
主题公园 145
主引导记录 310
助推器 66
注释 265
注销 43
著色器; 着色程序 230
转动摩擦 251
状态标志寄存器 292
桌游 144
资产(素材) 96
资源 116, 259
资源商店(素材商店) 97
子程序 228
子节点 258
自然语言处理 259
自我表现 116

自由意志 116
自愿终止怀疑 66
自转 259
自尊心 117
字符串 208
字节 212
最大值 271
最小值 271
最优化 271
最终幻想 150
作弊码 131
坐标系 264
坐标轴 265

1

2D 168
3D 169

영문 찾아보기

A

A star 302
acceleration 180
accelerometer 181
accesibility 121
account 20
Achievers 79
action game 96
activate 298
adventure game 96
affordance 97
alea (chance) 103
algorithm 94, 241
alpha channel 241
alpha test 94
alternative reality game 33
ambient light 243
ambient occlusion 243
American Standard Code for Information Interchange code 303
android 94, 241
Animal Crossing 36
animation 95, 242
antagonista 77
anxiety 67
App 243
App store 243
Apple 95
Application Programming Interface 303

application 242
arcade games 93
arduino 240
argon, competition 19
argument 253
argumented reality 266
arithmetic 225
arithmatic operation 225
arithmatic priority 246
ARPPU [Average Revenue Per User] 169
array 213
arrow key 213
arithmetic 109, 225
artificial intelligence 110, 252
artist 100
asset 96
asset store 97
assignment 194
asthetics 55
asymmetric information 69
Atari 93
attribute 81
Augumented Reality 126
avatar 92
average 288
axis 265

B

back up 213
balance 61
Basic Input/Output System 303
benchmark 64
beta test 62
beyond expectation 24
Bézier curve 215
billing 71
binary tree 252
biofeedback game 58
biped 212
bit / binary digit 220
Blizzard Entertainment 69
bluetooth 219
Board Games 64
bone animation 217
boolean algebra 191
boolean operation / bit operation 191
Boost library 218
booster 66
booting 218
boredom 127
boss 65
brain writing 68
brainstorming 69
branch / flow control 218
break point 303
Breakout Game 64
brightness/value 206
browser based game 67
buff 62
buffer 215
bug 214
bugdet 100
build 220
business model 75

button 62
bystander effect 60
byte 212

C

C# 304
C++ 304
cache 274
camera 274
capacitive sensing 263
capacity 247
capacity optimization 248
card decks 134
card games 134
case study 74
casino 134
casting/type conversion 274
casual game 135
Central Processing Unit 305
certificate 254
challenge 35
character 134
character attribution 135
cheat code 131
cheat key 131
check sum 304
chess 131
child node 258
chinese chess 117
cinematography 100
circle 248
Civilization 54
clan 140
class 278
classic games 20
cliches 140
client 139
clock 278
cloud computing 277
cloud servie 139
codec 276
coefficient of restitution 212
collaboration 20
collection 81
collision 272
collision detection 272
color 227
combat 120
combo 137
comedy 136
command 207
comment 265
communication 80
community 135
compare operation / Relational operator 220
compexity 65
compile 275
compiler 275
complex number 216
component model 275
compression 242
concept art 137
concept design 137
conditional expression 264
conflicts 33

console 137, 276
constant 226
constraints 122
construction 12
contact point 261
control system 123
controller 136
convergence 232
cooordinate system 264
cooperation 164
core gameplay 163
core mechanic 163
culling 275
curiosity 164
cursor 136, 274
curve 183
cut-scene 136

D

damages 160
Dance Dance Revolution 170
data structure 258
database 194
database normalization 261
database transaction 283
DDA(Dynamic Difficulty Adjustment) 36
deathmatch 34
debugging 196
decision making 106
decision tree 107
declaration 229
decryption 216
deep learning 197
default value 186
defense game 38
delta time 195
demo 34
demographics 110
description 78
destruction 150
developer 12
development 12
development environment 181
device driver 305
diagram 32
dice rolling 125
differeciation / Derivative 210
difficulty curve 28
difficulty system 28
diffuse reflection 190
digital sign 196
digitizer / graphic tablet 196
Direct extension 306
directional light 305
director 37
discernability 88
discovery 59
dissonance 111
distribution 61
divergence 213
dominant strategy 102
Donkey Kong 36
dot 35
driving game 37
drop down menu 196

drop rate 37
Dungeon & Dragons 34
dungeon 128
dynamic 100
dynamic allocaton 195

E

Easter eggs 107
edge 207
editor 245
edutainment 98
Electronic Arts 170
element 102
ellipse 280
embedded narrative 29
emergence 60
emissive material 306
emotion 11
emulator 99
encryption 242
ending credit 26
enforcement 11
engine 245
entrainment 101
enumerate 246
environment 165
equal opportunity 23
ergonomics 109
escape games 144
e-Sports 170
ESRB 171
etiquette 99
Euler angles 247
event 107, 251
execution 237
exercise 103
expected value 24
experience point 19
Explorers 144
exponential 267
extensible mark up language 319
Eyetoy 93

F

facade 150
facial expression 97
fail 90
fair play 21
Famicom 151
familiarity 109
features 147
feedback loops 59
feedback 159
FIFA soccer 160
figure 159
file 286
file format 287
file handle / File descriptor 287
Final Fantasy 150
firmware 306
first person shooter 168
fixed point 182
flag 292
flash mob 157
floating point 217
flow 158

flowchart 158
focus 270
focus group interview 154
fog 241
force 299
forgetting curve 48
frame rate 290, 291
frames per second 168
free will 116
free-to-play 53
frequency 265
friction 206
frustration 124
fun 118
function 23, 296
function overloading 296
funding 116

G

Gacha system 10
game 12
game addiction 16
game based learning 126
game design 13
game design document 14
game designer 14
game engine 15
game master 14
game mechanics 15
game money 17
game over 16
game paddle 17
game rules 13
game space 13
game theory 15
game token 17
Gameboy 18
games on demand 125
gamification 18
Gantt chart 10
garbage collection 180
gender 79
generic programming 263
genetic algorithm 250
genre 118
git 307
global variable 260
Go 58
goals 52
god game 11
GPS 171
Grand Theft Auto 171
graph theory 185
Graphics Processing Unit 307
gravity 266
griefer 23
guide book 127
guild 26

H

hacking 162
Half Life 162
Halo 164
Hard Disk Drive 307
hardcore 162
hash function 297

head shot 163
healing 166
health point 130
heap 299
hexagon 250
hint 166
Hollywood action 162
house rules 127
hue 270
Hue Saturation Value 308
human behavior 109
humor 104
hunting 74
HyperText Markup Language 308

I

Ico 108
icon 240
IDC [Internet Data Center] 172
idea 92
idling 240
ilinx 112
imaginary number 297
immersion 53
implicit rules 95
in app purchase 254
incubation 112
indentation 253
index 252
index range error / index out of range 253
indie game 110
infinite loop 208
Inflection point 216
inheritance 226
initial velocity 270
initialization 270
inline function 253
input device 255
input field 255
install 174
instance 308
instinct 66
integer 262
integral 260
intellectual property rights 127
interesting choice 166
internet 112
Internet of Thing 309
interpolation 254
inventory 111
IP address 309
item cash transaction 92
items 92
iterative design 58

J

Java 258
JavaScript Object Notation 309
joint 264
joy stick 124, 264

K

Katamri Damacy 21
key frame 278
keyboard 140

Killers 141
know-how 29

L
lag 40
LAN party 41
latency 42
leader board 82
Legend of Zelda 123
Level of Detail 310
level 41
level up 41
library 200
license 40
Light Emitting Diode 310
light source 184
lightmap 200
line 268
linear 229
linear transformation 229
link 203
Linux 203
Liquid Crystal Display 309
listview 203
Load of Rings 59
loading 202
local space 267
local variable 267
localization 164
lock-on target system 40
log 43
log in 43
log out 43
loop 212
LUA 203

M
machine learning 185
machinima 51
magic circle 49
mana point 48
manual 49
map 126
mapping 50
market research 88
Maslow's hierarchy of needs 49
Massively Multiplayer Online Role-Playing Game 173
master boot record 310
material 259
max 271
maze 209
MDA framework 172
meaningful play 106
memory 52, 206
menu 206
method overriding 296
MIDI 209
Mihalyi Csikszentmihalyi 55
mimicry 55
min 271
mixer 210
MMOG 172
mob 22
MOBA(Multiplayer On-line Battle Arena) 52

mobile game 52
MOD(Modification) 173
modular arithmetic 207
module 207
motion capture 208
motivation 35
motor 208
mouse 48
movie clip 195
moving friction 251
Moving Picture Experts Group 311
MUD 50
MUG 50
multi-play 51
multiple endings 32
multiplexer 311
Murphy's law 51

N

narrative 78
natural language processing 259
navigation system 28
needs 81
network 29
neural network 236
Nintendo 30
Non Playable Character 173
non-linear 70
normal 215
novelty 29
null 191
null reference 191

O

Oauth authentication 311
obfuscation 190
object 12
object oriented programming 182
Objective-C 311
obstacles 118
offline 101
online game 102
open source software 101, 247
open-ended 18
OpenGL 312
operating system 248
operation 245
operator 245
Optical Character Recognition 184
optimization 271
orbit 183
Organic Light Emitting Diode 312
origin 248
orthographic projection 262
output device 271
outsourcing 102

P

Pachinko 151
packet 288
page view 153
paket 152
paper prototype 153
parabolic curve 289
paradox of control 146

parent node 217
parity check 288
parsing 286
particle system 287
password 70
patch 151
path finding 25, 186
PC game 174
periodic function 265
perspective projection 313
physical interface 54
physics engine 209
pinball game 160
pipeline 286
pivot 266
pixel 165, 293
plane 289
platform 157
player 158
Player Killing 174
PlayStation 158
playtest 157
pleasure 125
point and click games 154
point light 313
pointer 289
poligon 155
polygon mesh 289
Pong 155
pooling 290
popup menu / context menu 288
portal site 154
postmortem 153
power-up 150
prebake 313
prefab 292
preview 209
primary color of light 220
prime number 231
Prisoner's dilemma 124
probability 165, 298
problem solving 54
procedual (content) generation 277
procedure 121
procedure call 297
processor register 291
producer 156
profit 108
programmer 155
programming 291
project management 156
projection 224, 282
propaganda 78
protagonista 125
protocol 292
prototype 156
pseudo code 185
pseudo-random 250
public-key cryptography 183
publisher 152
Pulse Coded Modulation 312
punishment 130
push button 290
push notification 314
puzzle games 152

PVP [Player vs. Player] 174
pygmalion effect 159
Pythagorean theorem 292
Python 286

Q
QA [Quality Assurance] 155
quantization 244
quantum cryptography 244
quarter view 138
quaternion 225
query language 277
quest 138
queue 277
quiz games 138

R
race-to-the-end 19
racing game 42
radian 200
radio button 200
ragdoll physics 201
raid 42
random 113
random number 190
ranking 41
Raspberry pi 201
ray trace 201
real number 236
Real-Time Strategy (RTS) games 89
real-time 89, 237
record / tuple 202
rectangle 224
recursive, recursion 259
Red Green Blue 314
Red Green Blue Alpha 315
reload 45
rendering 202
Representational State transfer 314
research 123
reserved word 246
resistive touchscreen 260
resolution 296
resource 116, 259
retention rate 119
rewards 65
rhythm game 45
rigid bod 181
risk assessment 104
risk mitigation 103
roguelike 43
role playing game 44
Roller Coaster Tycoon 44
rotation 299
rotation around a fixed axis 259
royalty 44
RSA 315
rule-breaking 22
run-length encoding 315
running game 33

S
sampling 227
sand box 77

saturation 299
save 119
save point 80
scalar 233
scale 298
scaling 297
scenario 87
schedule 82
score 121
screen 83
script 234
scroll 82
scroll bar 234
search 182
SEGA 80
segment 228
select button / check button 230
self-esteem 117
self-expression 116
semiotics 25
sense of control 146
sensor 230
serialization 267
serious games 23
server 77, 228
servo 228
shader 230
shield 60
shift operation/arithmatic shift 236
shop 77
shuffling 134
side scrolling 165
side view 76
Simple Object Access Protocol 316
simulation 87
single board compter 302
single chip computer 302
single play 90
singleton pattern 237
skeleton 234
skill 83
skybox 233
sleep function 315
slot machine 86
social interaction 76
Socializers 74
Solid State Disk 317
solution 232
sort 261
sound designer 76
special effect 147
specular highlight 316
speed optimization 231
splash screen 235
spot light 316
sprite 235
SQL 316
square 261
stack 234
stages 83
standard deviation 290
Standard Template Library 317
static 122
static friction 263
static function 263

static variable 262
STEAM 85
STL map 317
Stockholm Syndrome 84
story 108
storytelling 84
strategy games 119
streaming technology 85
stress test 85
string 208
structure/data structure 184
structure 21
subconscious 53
subroutine 228
subscription (market) 121
subtractive mixing of ink layers 227
subversion 317
success 79
SUDOKU 82
symetric 194
symmetric-key algorithm 194

T

tab menu 281
table top games 144
Tamagotchi 32
tangent 260
target audience 53
target device 280
teamwork 148
TEKKEN 130
template 281
text to speech 251
texture mapping 281
them park 145
third party (developer) 90
third person view 169
thread safe 233
thread 232
tile map 280
time delay function 235
time limit 87
timeline 280
top view 145
toy 117
trailer 147
translation 251
Transmission Control Protocol 318
trial and error 88
triangle 226
trigger 252, 283
trigonometric function 226
true color 283
Turing's machine 282
turn based 145
tutorial 146

U

Ubisoft 105
uncertainty 67
unexpected outcome 24
Unicode 249
unified extensible firmware interface 282

Uniform Resource Locator 318
union 183
Unity3D 249
UNREAL 4 244
update 98
upgrade 98
user 105
User Datagram Protocol 318
user identification 224
user interface 75, 224

V
vanishing point 231
variable 216
variance 219
vector 215
vehicles 144
venture capital 63
venture company 63
version control system 214
version 61, 214
vertex, vertice 187
video card 185
video games 70
view 236
view volume/viewing frustum 219
viewpoint 21
viewport 319
virtual function 180
Virtual Reality 10, 180
visual novel 71
voice chatting 105
voice recognition 250

W
war game 120
Warcraft 175
WASD keys 175
web games 103
Wii 175
willing suspension of disbelief 66
win 86
win condition; victory condition 86
Windows OS 249
World of Warcfaft Online 176
world space 230

X
Xbox Kinect 99

Z
z-buffering 186
zero sum game 122

1
2D 168
3D 169